Best Time

白马时光

请背诵全文（上）

QING BEISONG QUANWEN

徐淳 译注

山東文藝出版社

图书在版编目（CIP）数据

请背诵全文 / 徐淳译注. -- 济南 : 山东文艺出版社, 2021.6

ISBN 978-7-5329-6384-3

Ⅰ. ①请… Ⅱ. ①徐… Ⅲ. ①古典诗歌－中国－中小学－教学参考资料 Ⅳ. ①G634.303

中国版本图书馆CIP数据核字(2021)第093814号

请背诵全文

QING BEISONG QUANWEN

徐淳　译注

主管单位　山东出版传媒股份有限公司
出版发行　山东文艺出版社
社　　址　山东省济南市英雄山路189号
邮　　编　250002
网　　址　www.sdwypress.com

读者服务　0531-82098776（总编室）
　　　　　0531-82098775（市场营销部）
电子邮箱　sdwy@sdpress.com.cn

印　　刷　北京瑞禾彩色印刷有限公司
开　　本　880mm×1230mm　1/32
印　　张　16.25
字　　数　230千字
版　　次　2021年6月第1版
印　　次　2021年6月第1次印刷
书　　号　ISBN 978-7-5329-6384-3
定　　价　98.00元（全二册）

一字一句，蕴藏中华文化千年积淀

请背诵全文，望记取深远

目录

CONTENTS

辑一 垂髫之乐

目录

CONTENTS

目录

辑二　总角之宴

目录

目录

CONTENTS

辑一

垂髫之乐

江南

（汉乐府）

江南可采莲，
莲叶何田田。
鱼戏莲叶间。
鱼戏莲叶东，
鱼戏莲叶西，
鱼戏莲叶南，
鱼戏莲叶北。

长歌行

（汉乐府）

青青园中葵，
朝露待日晞。
阳春布德泽，
万物生光辉。
常恐秋节至，
焜黄①华叶衰。
百川东到海，
何时复西归？
少壮不努力，
老大徒伤悲！

① 焜（kūn）黄：草木凋落枯黄的样子。

请背诵全文

迢迢牵牛星

《古诗十九首》

迢迢牵牛星，
皎皎河汉女。
纤纤擢①素手，
札札②弄机杼。
终日不成章，
泣涕零如雨。
河汉清且浅，
相去复几许。
盈盈一水间，
脉脉不得语。

敕勒歌

（北朝民歌）

敕勒川，阴山下，
天似穹庐，笼盖四野。
天苍苍，野茫茫，
风吹草低见牛羊。

① 擢（zhuó）：伸出，抽出。
② 札（zhá）札：拟声词，机织声。

蝉

唐·虞世南

垂𫄨①饮清露，
流响出疏桐。
居高声自远，
非是藉秋风。

① 𫄨（ruí）：原指帽子顶上的缨子。此处指蝉用来摄取食物的状如帽缨的细长口器。

咏鹅

唐 · 骆宾王

鹅，鹅，鹅，
曲项向天歌。
白毛浮绿水，
红掌拨清波。

风

唐 · 李峤

解落三秋叶，
能开二月花。
过江千尺浪，
入竹万竿斜。

咏柳

唐·贺知章

碧玉妆成一树高，
万条垂下绿丝绦。
不知细叶谁裁出，
二月春风似剪刀。

回乡偶书

唐·贺知章

少小离家老大回，
乡音无改鬓毛衰。
儿童相见不相识，
笑问客从何处来。

凉州词

唐·王之涣

黄河远上白云间，
一片孤城万仞山。
羌笛何须怨杨柳，
春风不度玉门关。

登鹳雀楼

唐·王之涣

白日依山尽，
黄河入海流。
欲穷千里目，
更上一层楼。

过故人庄

唐·孟浩然

故人具鸡黍，
邀我至田家。
绿树村边合，
青山郭外斜。
开轩面场圃，
把酒话桑麻。
待到重阳日，
还来就菊花。

春晓

唐·孟浩然

春眠不觉晓，
处处闻啼鸟。
夜来风雨声，
花落知多少。

宿建德江

唐·孟浩然

移舟泊烟渚①，
日暮客愁新。
野旷天低树，
江清月近人。

① 渚（zhǔ）：水中的小块陆地。

凉州词

唐·王翰

葡萄美酒夜光杯，
欲饮琵琶马上催。
醉卧沙场君莫笑，
古来征战几人回？

出塞

唐·王昌龄

秦时明月汉时关，
万里长征人未还。
但使龙城飞将在，
不教胡马度阴山。

芙蓉楼送辛渐

唐·王昌龄

寒雨连江夜入吴，
平明送客楚山孤。
洛阳亲友如相问，
一片冰心在玉壶。

从军行（其四）

唐·王昌龄

青海长云暗雪山，
孤城遥望玉门关。
黄沙百战穿金甲，
不破楼兰终不还。

采莲曲

唐·王昌龄

荷叶罗裙一色裁，
芙蓉向脸两边开。
乱入池中看不见，
闻歌始觉有人来。

鹿柴

唐·王维

空山不见人，
但闻人语响。
返景入深林，
复照青苔上。

送元二使安西

唐·王维

渭城朝雨浥①轻尘，
客舍青青柳色新。
劝君更尽一杯酒，
西出阳关无故人。

① 浥（yì）：沾湿。

鸟鸣涧

唐·王维

人闲桂花落，
夜静春山空。
月出惊山鸟，
时鸣春涧中。

九月九日忆山东兄弟

唐·王维

独在异乡为异客，
每逢佳节倍思亲。
遥知兄弟登高处，
遍插茱萸少一人。

画

唐·王维

远看山有色，
近听水无声。
春去花还在，
人来鸟不惊。

相思

唐·王维

红豆生南国，
春来发几枝。
愿君多采撷，
此物最相思。

山居秋暝

唐·王维

空山新雨后，
天气晚来秋。
明月松间照，
清泉石上流。
竹喧归浣女，
莲动下渔舟。
随意春芳歇，
王孙自可留。

静夜思

唐·李白

床前明月光，
疑是地上霜。
举头望明月，
低头思故乡。

古朗月行（节选）

唐·李白

小时不识月，
呼作白玉盘。
又疑瑶台镜，
飞在青云端。

望庐山瀑布

唐·李白

日照香炉生紫烟，
遥看瀑布挂前川。
飞流直下三千尺，
疑是银河落九天。

赠汪伦

唐·李白

李白乘舟将欲行，
忽闻岸上踏歌声。
桃花潭水深千尺，
不及汪伦送我情。

黄鹤楼送孟浩然之广陵

唐·李白

故人西辞黄鹤楼，
烟花三月下扬州。
孤帆远影碧空尽，
唯见长江天际流。

早发白帝城

唐 · 李白

朝辞白帝彩云间，
千里江陵一日还。
两岸猿声啼不住，
轻舟已过万重山。

望天门山

唐 · 李白

天门中断楚江开，
碧水东流至此回。
两岸青山相对出，
孤帆一片日边来。

独坐敬亭山

唐·李白

众鸟高飞尽，
孤云独去闲。
相看两不厌，
只有敬亭山。

夜宿山寺

唐·李白

危楼高百尺，
手可摘星辰。
不敢高声语，
恐惊天上人。

别董大（其一）

唐·高适

千里黄云白日曛①，
北风吹雁雪纷纷。
莫愁前路无知己，
天下谁人不识君。

绝句二首（其一）

唐·杜甫

迟日江山丽，
春风花草香。
泥融飞燕子，
沙暖睡鸳鸯。

① 曛（xūn）：昏暗。

绝句四首（其三）

唐·杜甫

两个黄鹂鸣翠柳，
一行白鹭上青天。
窗含西岭千秋雪，
门泊东吴万里船。

春夜喜雨

唐·杜甫

好雨知时节，
当春乃发生。
随风潜入夜，
润物细无声。
野径云俱黑，
江船火独明。
晓看红湿处，
花重锦官城。

江畔独步寻花七绝句（其五）

唐·杜甫

黄师塔前江水东，
春光懒困倚微风。
桃花一簇开无主，
可爱深红爱浅红？

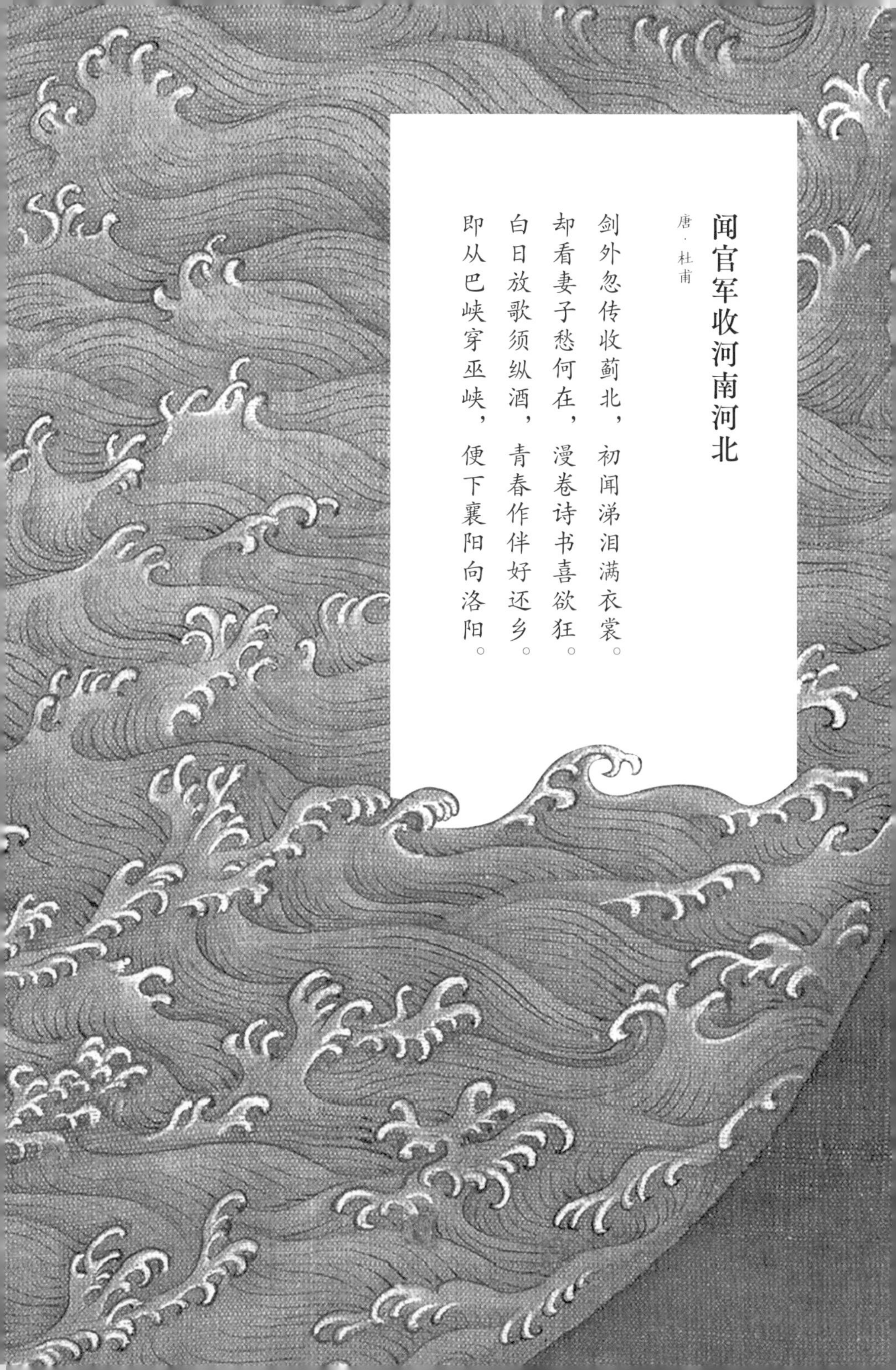

闻官军收河南河北

唐·杜甫

剑外忽传收蓟北，初闻涕泪满衣裳。
却看妻子愁何在，漫卷诗书喜欲狂。
白日放歌须纵酒，青春作伴好还乡。
即从巴峡穿巫峡，便下襄阳向洛阳。

枫桥夜泊

唐·张继

月落乌啼霜满天，
江枫渔火对愁眠。
姑苏城外寒山寺，
夜半钟声到客船。

寒食

唐·韩翃

春城无处不飞花，
寒食东风御柳斜。
日暮汉宫传蜡烛，
轻烟散入五侯家。

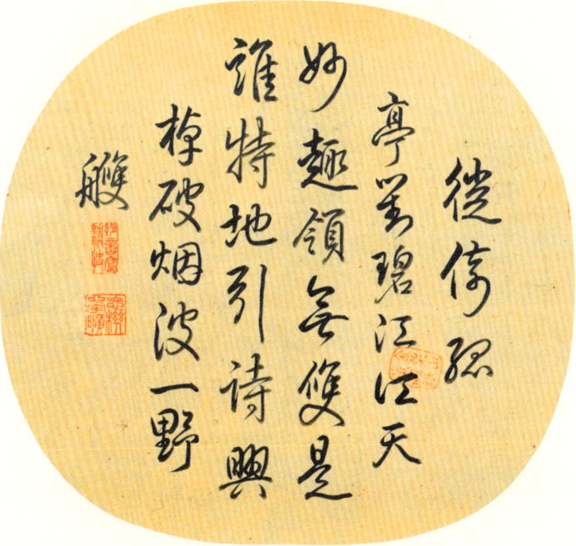

徙倚欄
亭外碧江天
妙趣領多變是
誰特地引詩興
棹破烟波一野
艭

渔歌子

唐·张志和

西塞山前白鹭飞，
桃花流水鳜鱼肥。
青箬笠①，绿蓑衣，
斜风细雨不须归。

① 箬（ruò）笠（lì）：用竹叶或竹篾（miè）做的斗笠。

滁州西涧

唐·韦应物

独怜幽草涧边生，
上有黄鹂深树鸣。
春潮带雨晚来急，
野渡无人舟自横。

塞下曲（其三）

唐·卢纶

月黑雁飞高，
单于夜遁逃。
欲将轻骑逐，
大雪满弓刀。

游子吟

唐 · 孟郊

慈母手中线，
游子身上衣。
临行密密缝，
意恐迟迟归。
谁言寸草心，
报得三春晖。

十五夜望月寄杜郎中

唐 · 王建

中庭地白树栖鸦，
冷露无声湿桂花。
今夜月明人尽望，
不知秋思落谁家？

早春呈水部张十八员外（其一）

唐·韩愈

天街小雨润如酥，
草色遥看近却无。
最是一年春好处，
绝胜烟柳满皇都。

竹枝词（其一）

唐·刘禹锡

杨柳青青江水平，
闻郎江上踏歌声①。
东边日出西边雨，
道是无晴却有晴。

① “踏歌声”一作“唱歌声”。

望洞庭

唐·刘禹锡

湖光秋月两相和，
潭面无风镜未磨。
遥望洞庭山水翠，
白银盘里一青螺。

浪淘沙

唐·刘禹锡

九曲黄河万里沙，
浪淘风簸自天涯。
如今直上银河去，
同到牵牛织女家。

池上

唐·白居易

小娃撑小艇，
偷采白莲回。
不解藏踪迹，
浮萍一道开。

忆江南

唐·白居易

江南好，
风景旧曾谙。
日出江花红胜火，
春来江水绿如蓝。
能不忆江南？

暮江吟

唐·白居易

一道残阳铺水中，
半江瑟瑟半江红。
可怜九月初三夜，
露似真珠月似弓。

赋得古原草送别

唐·白居易

离离原上草，
一岁一枯荣。
野火烧不尽，
春风吹又生。
远芳侵古道，
晴翠接荒城。
又送王孙去，
萋萋满别情。

悯农二首

唐·李绅

春种一粒粟，
秋收万颗子。
四海无闲田，
农夫犹饿死。

锄禾日当午，
汗滴禾下土。
谁知盘中餐，
粒粒皆辛苦。

题都城南庄

唐·崔护

去年今日此门中，
人面桃花相映红。
人面不知何处去，
桃花依旧笑春风。

江雪

唐·柳宗元

千山鸟飞绝，
万径人踪灭。
孤舟蓑笠翁，
独钓寒江雪。

寻隐者不遇

唐·贾岛

松下问童子，
言师采药去。
只在此山中，
云深不知处。

小儿垂钓

唐·胡令能

蓬头稚子学垂纶，
侧坐莓苔草映身。
路人借问遥招手，
怕得鱼惊不应人。

马诗（其五）

唐·李贺

大漠沙如雪，
燕山月似钩。
何当金络脑，
快走踏清秋。

山行

唐·杜牧

远上寒山石径斜，
白云生处有人家。
停车坐爱枫林晚，
霜叶红于二月花。

清明

唐·杜牧

清明时节雨纷纷，
路上行人欲断魂。
借问酒家何处有，
牧童遥指杏花村。

江南春

唐·杜牧

千里莺啼绿映红，
水村山郭酒旗风。
南朝四百八十寺，
多少楼台烟雨中。

嫦娥

唐·李商隐

云母屏风烛影深，
长河渐落晓星沉。
嫦娥应悔偷灵药，
碧海青天夜夜心。

乐游原

唐·李商隐

向晚意不适，
驱车登古原。
夕阳无限好，
只是近黄昏。

乞巧

唐·林杰

七夕今宵看碧霄，
牵牛织女渡河桥。
家家乞巧望秋月，
穿尽红丝几万条。

蜂

唐·罗隐

不论平地与山尖，
无限风光尽被占。
采得百花成蜜后，
为谁辛苦为谁甜？

金缕衣

唐·佚名

劝君莫惜金缕衣，
劝君惜取少年时。
花开堪折直须折，
莫待无花空折枝。

江上渔者

宋·范仲淹

江上往来人，
但爱鲈鱼美。
君看一叶舟，
出没风波里。

元日

宋·王安石

爆竹声中一岁除，
春风送暖入屠苏。
千门万户曈曈①日，
总把新桃换旧符。

① 曈（tóng）曈：日出时光亮的样子。

梅花

宋·王安石

墙角数枝梅，
凌寒独自开。
遥知不是雪，
为有暗香来。

泊船瓜洲

宋·王安石

京口瓜洲一水间，
钟山只隔数重山。
春风又绿江南岸，
明月何时照我还？

书湖阴先生壁

宋·王安石

茅檐长扫净无苔，
花木成畦手自栽。
一水护田将绿绕，
两山排闼送青来。

题西林壁

宋·苏轼

横看成岭侧成峰，
远近高低各不同。
不识庐山真面目，
只缘身在此山中。

六月二十七日望湖楼醉书

宋·苏轼

黑云翻墨未遮山，
白雨跳珠乱入船。
卷地风来忽吹散，
望湖楼下水如天。

赠刘景文

宋·苏轼

荷尽已无擎雨盖，
菊残犹有傲霜枝。
一年好景君须记，
最是橙黄橘绿时。

饮湖上初晴后雨

宋·苏轼

水光潋滟晴方好，
山色空蒙雨亦奇。
欲把西湖比西子，
淡妆浓抹总相宜。

己酉夏日倣趙文敏
春山煙靄似
孟南先生
王鑑

惠崇春江晚景

宋·苏轼

竹外桃花三两枝，
春江水暖鸭先知。
蒌蒿满地芦芽短，
正是河豚欲上时。

蚕妇

宋·张俞

昨日入城市，
归来泪满巾。
遍身罗绮者，
不是养蚕人。

三衢道中

宋·曾几

梅子黄时日日晴，
小溪泛尽却山行。
绿阴不减来时路，
添得黄鹂四五声。

夏日绝句

宋·李清照

生当作人杰，
死亦为鬼雄。
至今思项羽，
不肯过江东。

示儿

宋·陆游

死去元知万事空，
但悲不见九州同。
王师北定中原日，
家祭无忘告乃翁。

秋夜将晓出篱门迎凉有感（其二）

宋·陆游

三万里河东入海，
五千仞岳上摩天。
遗民泪尽胡尘里，
南望王师又一年。

四时田园杂兴①（其二十五）

宋·范成大

梅子金黄杏子肥，
麦花雪白菜花稀。
日长篱落无人过，
惟有蜻蜓蛱蝶飞。

四时田园杂兴（其三十一）

宋·范成大

昼出耘田夜绩麻，
村庄儿女各当家。
童孙未解供耕织，
也傍桑阴学种瓜。

① 杂兴（xìng）：有感而发，随事吟咏的诗篇。

小池

宋·杨万里

泉眼无声惜细流，
树阴照水爱晴柔。
小荷才露尖尖角，
早有蜻蜓立上头。

晓出净慈寺送林子方

宋·杨万里

毕竟西湖六月中，
风光不与四时同。
接天莲叶无穷碧，
映日荷花别样红。

稚子弄冰

宋·杨万里

稚子金盆脱晓冰，
彩丝穿取当银钲。
敲成玉磬穿林响，
忽作玻璃碎地声。

宿新市徐公店

宋·杨万里

篱落疏疏一径深，
树头花落①未成阴。
儿童急走追黄蝶，
飞入菜花无处寻。

春日

宋·朱熹

胜日寻芳泗水滨，
无边光景一时新。
等闲识得东风面，
万紫千红总是春。

① “花落”一作“新绿”。

观书有感

宋·朱熹

半亩方塘一鉴开，
天光云影共徘徊。
问渠那得清如许？
为有源头活水来。

清平乐·村居

宋·辛弃疾

茅檐低小，溪上青青草。
醉里吴音相媚好，白发谁家翁媪①？
大儿锄豆溪东，中儿正织鸡笼。
最喜小儿亡赖②，溪头卧剥莲蓬。

---

① 媪（ǎo）：年老的妇女。

② 亡赖：这里指小孩顽皮、淘气。“亡”通“无”。

西江月·夜行黄沙道中

宋·辛弃疾

明月别枝惊鹊，
清风半夜鸣蝉。
稻花香里说丰年，
听取蛙声一片。
七八个星天外，
两三点雨山前。
旧时茅店社林边，
路转溪桥忽见①。

① 见：同“现”。

题临安邸

宋·林升

山外青山楼外楼，
西湖歌舞几时休？
暖风熏得游人醉，
直把杭州作汴州。

乡村四月

宋·翁卷

绿遍山原白满川，
子规声里雨如烟。
乡村四月闲人少，
才了蚕桑又插田。

游园不值

宋·叶绍翁

应怜屐①齿印苍苔，
小扣柴扉久不开。
春色满园关不住，
一枝红杏出墙来。

夜书所见

宋·叶绍翁

萧萧梧叶送寒声，
江上秋风动客情。
知有儿童挑促织，
夜深篱落一灯明。

① 屐（jī）：木头鞋。

雪梅

宋·卢钺

梅雪争春未肯降，
骚人阁笔费评章。
梅须逊雪三分白，
雪却输梅一段香。

村晚

宋·雷震

草满池塘水满陂①，
山衔落日浸寒漪②。
牧童归去横牛背，
短笛无腔信口吹。

① 陂（bēi）：池岸。
② 漪（yī）：水中的波纹。

寒菊

宋·郑思肖

花开不并百花丛，
独立疏篱趣未穷。
宁可枝头抱香死，
何曾吹落北风中。

墨梅

元·王冕

我家洗砚池头树，
朵朵①花开淡墨痕。
不要人夸好颜色，
只留清气满乾坤。

①“朵朵”一作“个个”。

石灰吟

明·于谦

千锤万凿出深山，
烈火焚烧若等闲。
粉骨碎身浑不怕，
要留清白在人间。

画鸡

明·唐寅

头上红冠不用裁，
满身雪白走将来。
平生不敢轻言语，
一叫千门万户开。

舟夜书所见

清·查慎行

月黑见渔灯，
孤光一点萤。
微微风簇浪，
散作满河星。

长相思

清·纳兰性德

山一程，水一程，
身向榆关那畔行，
夜深千帐灯。
风一更，雪一更，
聒碎乡心梦不成，
故园无此声。

竹石

清·郑燮

咬定青山不放松，
立根原在破岩中。
千磨万击还坚劲，
任尔东西南北风。

所见

清·袁枚

牧童骑黄牛，
歌声振林樾。
意欲捕鸣蝉，
忽然闭口立。

苔

清·袁枚

白日不到处，
青春恰自来。
苔花如米小，
也学牡丹开。

己亥杂诗（其一百二十五）

清·龚自珍

九州生气恃①风雷，
万马齐喑②究可哀。
我劝天公重抖擞，
不拘一格降人才。

村居

清·高鼎

草长莺飞二月天，
拂堤杨柳醉春烟。
儿童散学归来早，
忙趁东风放纸鸢。

① 恃（shì）：依靠。
② 喑（yīn）：沉默。

嘉靖甲午中秋既望東邨周臣倣
靜菴筆意

辑二

总角之宴

关雎

《诗经·周南》

关关雎鸠，在河之洲。
窈窕淑女，君子好逑[①]。
参差荇菜，左右流之。
窈窕淑女，寤寐[②]求之。
求之不得，寤寐思服。
悠哉悠哉，辗转反侧。
参差荇菜，左右采之。
窈窕淑女，琴瑟友之。
参差荇菜，左右芼[③]之。
窈窕淑女，钟鼓乐之。

---

① 好（hǎo）逑（qiú）：好的配偶。
② 寤（wù）寐（mèi）：醒和睡，这里指日日夜夜。
③ 芼（mào）：拔取。

蒹葭

《诗经·秦风》

蒹葭苍苍，白露为霜。
所谓伊人，在水一方。
溯洄从之，道阻且长。
溯游从之，宛在水中央。
蒹葭凄凄，白露未晞。
所谓伊人，在水之湄。
溯洄从之，道阻且跻[1]。
溯游从之，宛在水中坻[2]。
蒹葭采采，白露未已。
所谓伊人，在水之涘[3]。
溯洄从之，道阻且右。
溯游从之，宛在水中沚[4]。

① 跻（jī）：登，这里指道路险峻，需要攀登向上。
② 坻（chí）：水中的高地。
③ 涘（sì）：水边。
④ 沚（zhǐ）：水中的小块陆地。

十五从军征

（汉乐府）

十五从军征，八十始得归。
道逢乡里人：“家中有阿谁？”
“遥看是君家，松柏冢累累。”
兔从狗窦入，雉从梁上飞。
中庭生旅谷，井上生旅葵。
舂谷持作饭，采葵持作羹。
羹饭一时熟，不知贻阿谁。
出门东向看，泪落沾我衣。

观沧海

三国 · 曹操

东临碣石，以观沧海。
水何澹澹，山岛竦峙。
树木丛生，百草丰茂。
秋风萧瑟，洪波涌起。
日月之行，若出其中；
星汉灿烂，若出其里。
幸甚至哉，歌以咏志。

龟虽寿

三国 · 曹操

神龟虽寿，犹有竟时；
腾蛇乘雾，终为土灰。
老骥伏枥，志在千里；
烈士暮年，壮心不已。
盈缩之期，不但在天；
养怡之福，可得永年。
幸甚至哉，歌以咏志。

饮酒

晋 · 陶渊明

结庐在人境，而无车马喧。
问君何能尔？心远地自偏。
采菊东篱下，悠然见南山。
山气日夕佳，飞鸟相与还。
此中有真意，欲辨已忘言。

木兰诗

（北朝民歌）

唧唧复唧唧，木兰当户织。不闻机杼[①]声，唯闻女叹息。问女何所思，问女何所忆。女亦无所思，女亦无所忆。昨夜见军帖，可汗大点兵。军书十二卷，卷卷有爷名。阿爷无大儿，木兰无长兄，愿为市鞍马，从此替爷征。

东市买骏马，西市买鞍鞯[②]，南市买辔头[③]，北市买长鞭。旦辞爷娘去，暮宿黄河边，不闻爷娘唤女声，但闻黄河流水鸣溅溅。旦辞黄河去，暮至黑山头，不闻爷娘唤女声，但闻燕山胡骑鸣啾啾。

万里赴戎机，关山度若飞。朔气传金柝[④]，寒光照铁衣。将军百战死，壮士十年归。

① 杼（zhù）：织布用的梭子。
② 鞯（jiān）：马鞍下的垫子。
③ 辔（pèi）头：驾驭牲口用的嚼子和缰绳。
④ 金柝（tuò）：古时军中白天用来做饭，夜里用来打更的器具。

归来见天子，天子坐明堂。策勋十二转，赏赐百千强。可汗问所欲，木兰不用尚书郎，愿驰千里足，送儿还故乡。

爷娘闻女来，出郭相扶将；阿姊闻妹来，当户理红妆；小弟闻姊来，磨刀霍霍向猪羊。开我东阁门，坐我西阁床。脱我战时袍，着我旧时裳。当窗理云鬓，对镜帖[①]花黄。出门看火伴[②]，火伴皆惊忙：同行十二年，不知木兰是女郎。

雄兔脚扑朔，雌兔眼迷离；双兔傍地走，安能辨我是雄雌？

① 帖：通“贴”。

② 火伴：同伍的士兵。当时规定若干士兵同一个灶吃饭，所以称“火伴”。

野望

唐·王绩

东皋薄暮望，徙倚欲何依。
树树皆秋色，山山唯落晖。
牧人驱犊返，猎马带禽归。
相顾无相识，长歌怀采薇。

送杜少府之任蜀州

唐·王勃

城阙辅三秦，风烟望五津。
与君离别意，同是宦游人。
海内存知己，天涯若比邻。
无为在歧路，儿女共沾巾。

登幽州台歌

唐·陈子昂

前不见古人，后不见来者。
念天地之悠悠，独怆然而涕下！

望洞庭湖赠张丞相

唐·孟浩然

八月湖水平，涵虚混太清。
气蒸云梦泽，波撼岳阳城。
欲济无舟楫，端居耻圣明。
坐观垂钓者，徒有羡鱼情。

次北固山下

唐 · 王湾

客路青山外，行舟绿水前。
潮平两岸阔，风正一帆悬。
海日生残夜，江春入旧年。
乡书何处达？归雁洛阳边。

使至塞上

唐 · 王维

单车欲问边，属国过居延。
征蓬出汉塞，归雁入胡天。
大漠孤烟直，长河落日圆。
萧关逢候骑，都护在燕然。

峨眉山月歌

唐 · 李白

峨眉山月半轮秋，影入平羌江水流。
夜发清溪向三峡，思君不见下渝州。

闻王昌龄左迁龙标遥有此寄

唐 · 李白

杨花落尽子规啼，闻道龙标过五溪。
我寄愁心与明月，随君直到夜郎西。

渡荆门送别

唐 · 李白

渡远荆门外，
来从楚国游。
山随平野尽，
江入大荒流。
月下飞天镜，
云生结海楼。
仍怜故乡水，
万里送行舟。

行路难（其一）

唐 · 李白

金樽清酒斗十千，
玉盘珍羞①直②万钱。
停杯投箸不能食，
拔剑四顾心茫然。
欲渡黄河冰塞川，
将登太行雪满山。
闲来垂钓碧溪上，
忽复乘舟梦日边。
行路难，行路难，
多歧路，今安在？
长风破浪会有时，
直挂云帆济沧海。

① 羞：同“馐”，美味的食物。
② 直：同“值”，价值。

黄鹤楼

唐 · 崔颢

昔人已乘黄鹤去，此地空余黄鹤楼。
黄鹤一去不复返，白云千载空悠悠。
晴川历历汉阳树，芳草萋萋鹦鹉洲。
日暮乡关何处是？烟波江上使人愁。

题破山寺后禅院

唐 · 常建

清晨入古寺，初日照高林。
曲径通幽处，禅房花木深。
山光悦鸟性，潭影空人心。
万籁此都寂，但余钟磬音。

望岳

唐·杜甫

岱宗夫如何？齐鲁青未了。
造化钟神秀，阴阳割昏晓。
荡胸生曾[1]云，决眦入归鸟。
会当凌绝顶，一览众山小。

春望

唐·杜甫

国破山河在，城春草木深。
感时花溅泪，恨别鸟惊心。
烽火连三月，家书抵万金。
白头搔更短，浑欲不胜簪。

① 曾：通“层”。

茅屋为秋风所破歌

唐 · 杜甫

八月秋高风怒号，卷我屋上三重茅。

茅飞渡江洒江郊，高者挂罥[①]长林梢，下者飘转沉塘坳[②]。

南村群童欺我老无力，忍能对面为盗贼。

公然抱茅入竹去，唇焦口燥呼不得，归来倚杖自叹息。

俄顷风定云墨色，秋天漠漠向昏黑。

布衾多年冷似铁，娇儿恶卧踏里裂。

---

① 挂罥（juàn）：挂着，挂住。
② 坳（ào）：水势低的地方。

床头屋漏无干处，雨脚如麻未断绝。

自经丧乱少睡眠，长夜沾湿何由彻！

安得广厦千万间，大庇天下寒士俱欢颜，风雨不动安如山。

呜呼！何时眼前突兀见此屋，吾庐独破受冻死亦足！

江南逢李龟年

唐 · 杜甫

岐王宅里寻常见，崔九堂前几度闻。
正是江南好风景，落花时节又逢君。

登楼

唐 · 杜甫

花近高楼伤客心，万方多难此登临。
锦江春色来天地，玉垒浮云变古今。
北极朝廷终不改，西山寇盗莫相侵。
可怜后主还祠庙，日暮聊为《梁甫吟》。

月夜忆舍弟

唐 · 杜甫

戍鼓断人行，边秋一雁声。
露从今夜白，月是故乡明。
有弟皆分散，无家问死生。
寄书长不达，况乃未休兵。

白雪歌送武判官归京

唐 · 岑参

北风卷地白草折，胡天八月即飞雪。
忽如一夜春风来，千树万树梨花开。
散入珠帘湿罗幕，狐裘不暖锦衾薄。
将军角弓不得控，都护铁衣冷难着。
瀚海阑干百丈冰，愁云惨淡万里凝。
中军置酒饮归客，胡琴琵琶与羌笛。
纷纷暮雪下辕门，风掣红旗冻不翻。
轮台东门送君去，去时雪满天山路。
山回路转不见君，雪上空留马行处。

秋词（其一）

唐 · 刘禹锡

自古逢秋悲寂寥，我言秋日胜春朝。
晴空一鹤排云上，便引诗情到碧霄。

酬乐天扬州初逢席上见赠

唐 · 刘禹锡

巴山楚水凄凉地，二十三年弃置身。
怀旧空吟闻笛赋，到乡翻似烂柯人。
沉舟侧畔千帆过，病树前头万木春。
今日听君歌一曲，暂凭杯酒长精神。

观刈麦

唐 · 白居易

田家少闲月，五月人倍忙。
夜来南风起，小麦覆陇黄。
妇姑荷箪食，童稚携壶浆，
相随饷田去，丁壮在南冈。
足蒸暑土气，背灼炎天光，
力尽不知热，但惜夏日长。
复有贫妇人，抱子在其旁，
右手秉遗穗，左臂悬敝筐。
听其相顾言，闻者为悲伤。
家田输税尽，拾此充饥肠。
今我何功德？曾不事农桑。
吏禄三百石，岁晏有余粮，
念此私自愧，尽日不能忘。

卖炭翁

唐 · 白居易

卖炭翁，伐薪烧炭南山中。
满面尘灰烟火色，两鬓苍苍十指黑。
卖炭得钱何所营？身上衣裳口中食。
可怜身上衣正单，心忧炭贱愿天寒。
夜来城外一尺雪，晓驾炭车辗冰辙。
牛困人饥日已高，市南门外泥中歇。
翩翩两骑来是谁？黄衣使者白衫儿。
手把文书口称敕，回车叱牛牵向北。
一车炭，千余斤，宫使驱将惜不得。
半匹红纱一丈绫，系向牛头充炭直[1]。

① 直：同“值”，价钱。

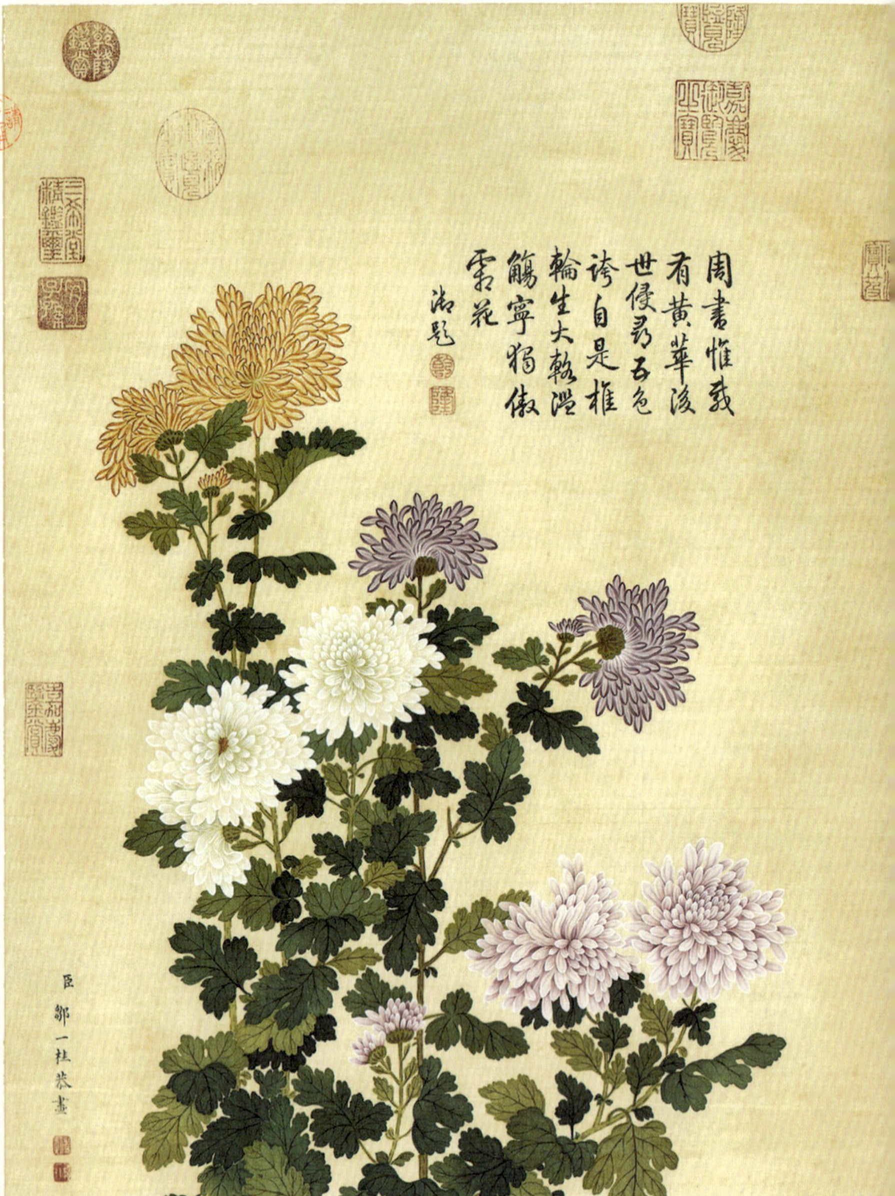
周書惟載有黃華後
世侵尋五色誇自是椎
輪生大輅濫
觴寧獨傲霜花
御題
臣鄒一桂恭畫

问刘十九

唐 · 白居易

绿蚁新醅酒，红泥小火炉。
晚来天欲雪，能饮一杯无？

钱塘湖春行

唐 · 白居易

孤山寺北贾亭西，水面初平云脚低。
几处早莺争暖树，谁家新燕啄春泥。
乱花渐欲迷人眼，浅草才能没马蹄。
最爱湖东行不足，绿杨阴里白沙堤。

花非花

唐·白居易

花非花，雾非雾。
夜半来，天明去。
来如春梦几多时，
去似朝云无觅处。

大林寺桃花

唐·白居易

人间四月芳菲尽，
山寺桃花始盛开。
长恨春归无觅处，
不知转入此中来。

离思（其四）

唐 · 元稹

曾经沧海难为水，
除却巫山不是云。
取次花丛懒回顾，
半缘修道半缘君。

雁门太守行

唐 · 李贺

黑云压城城欲摧，甲光向日金鳞开。
角声满天秋色里，塞上燕脂凝夜紫。
半卷红旗临易水，霜重鼓寒声不起。
报君黄金台上意，提携玉龙为君死！

赤壁

唐 · 杜牧

折戟沉沙铁未销，自将磨洗认前朝。
东风不与周郎便，铜雀春深锁二乔。

泊秦淮

唐 · 杜牧

烟笼寒水月笼沙，夜泊秦淮近酒家。
商女不知亡国恨，隔江犹唱后庭花。

望江南

唐 · 温庭筠

梳洗罢，独倚望江楼。
过尽千帆皆不是，斜晖脉脉水悠悠。
肠断白蘋洲。

贾生

唐 · 李商隐

宣室求贤访逐臣，贾生才调更无伦。
可怜夜半虚前席，不问苍生问鬼神。

无题

唐 · 李商隐

相见时难别亦难，东风无力百花残。
春蚕到死丝方尽，蜡炬成灰泪始干。
晓镜但愁云鬓改，夜吟应觉月光寒。
蓬山此去无多路，青鸟殷勤为探看。

夜雨寄北

唐 · 李商隐

君问归期未有期，巴山夜雨涨秋池。
何当共剪西窗烛，却话巴山夜雨时。

相见欢

五代 · 李煜

无言独上西楼，月如钩。
寂寞梧桐深院锁清秋。
剪不断，理还乱，是离愁。
别是一般滋味在心头。

渔家傲·秋思

宋·范仲淹

塞下秋来风景异，衡阳雁去无留意。
四面边声连角起，千嶂里，长烟落日孤城闭。
浊酒一杯家万里，燕然未勒归无计。
羌管悠悠霜满地，人不寐，将军白发征夫泪。

浣溪沙

宋 · 晏殊

一曲新词酒一杯，去年天气旧亭台。
夕阳西下几时回？
无可奈何花落去，似曾相识燕归来。
小园香径独徘徊。

登飞来峰

宋 · 王安石

飞来山上千寻塔，闻说鸡鸣见日升。
不畏浮云遮望眼，自缘身在最高层。

卜算子 · 送鲍浩然之浙东

宋 · 王观

水是眼波横，山是眉峰聚。
欲问行人去那边？眉眼盈盈处。
才始送春归，又送君归去。
若到江南赶上春，千万和春住。

卜算子·黄州定慧院寓居作

宋·苏轼

缺月挂疏桐，漏断人初静。
谁见幽人独往来，缥缈孤鸿影。
惊起却回头，有恨无人省。
拣尽寒枝不肯栖，寂寞沙洲冷。

江城子·密州出猎

宋·苏轼

老夫聊发少年狂，左牵黄，右擎苍，
锦帽貂裘，千骑卷平冈。
为报倾城随太守，亲射虎，看孙郎。
酒酣胸胆尚开张，鬓微霜，又何妨！
持节云中，何日遣冯唐？
会挽雕弓如满月，西北望，射天狼。

水调歌头

宋 · 苏轼

丙辰中秋，欢饮达旦，大醉，作此篇，兼怀子由。

明月几时有？把酒问青天。
不知天上宫阙，今夕是何年。
我欲乘风归去，又恐琼楼玉宇，
高处不胜寒。
起舞弄清影，何似在人间。
转朱阁，低绮户，照无眠。
不应有恨，何事长向别时圆？
人有悲欢离合，月有阴晴圆缺，
此事古难全。
但愿人长久，千里共婵娟。

浣溪沙

宋 · 苏轼

游蕲水清泉寺，寺临兰溪，溪水西流。

山下兰芽短浸溪，
松间沙路净无泥，
潇潇暮雨子规啼。
谁道人生无再少？
门前流水尚能西！
休将白发唱黄鸡。

武陵春

宋 · 李清照

风住尘香花已尽，日晚倦梳头。
物是人非事事休，欲语泪先流。
闻说双溪春尚好，也拟泛轻舟。
只恐双溪舴艋[1]舟，载不动许多愁。

① 舴（zé）艋（měng）：小船。

如梦令

宋 · 李清照

常记溪亭日暮，沉醉不知归路。
兴尽晚回舟，误入藕花深处。
争渡，争渡，惊起一滩鸥鹭。

渔家傲

宋 · 李清照

天接云涛连晓雾，星河欲转千帆舞。
仿佛梦魂归帝所。
闻天语，殷勤问我归何处。
我报路长嗟日暮，学诗谩有惊人句。
九万里风鹏正举。
风休住，蓬舟吹取三山去！

卜算子·咏梅

宋·陆游

驿外断桥边，寂寞开无主。
已是黄昏独自愁，更着风和雨。
无意苦争春，一任群芳妒。
零落成泥碾作尘，只有香如故。

游山西村

宋·陆游

莫笑农家腊酒浑，丰年留客足鸡豚。
山重水复疑无路，柳暗花明又一村。
箫鼓追随春社近，衣冠简朴古风存。
从今若许闲乘月，拄杖无时夜叩门。

丑奴儿·书博山道中壁

宋·辛弃疾

少年不识愁滋味，爱上层楼。
爱上层楼，为赋新词强说愁。
而今识尽愁滋味，欲说还休。
欲说还休，却道“天凉好个秋”！

南乡子·登京口北固亭有怀

宋·辛弃疾

何处望神州？满眼风光北固楼。
千古兴亡多少事？
悠悠。不尽长江滚滚流。
年少万兜鍪[①]，坐断东南战未休。
天下英雄谁敌手？
曹刘。生子当如孙仲谋。

① 兜（dōu）鍪（móu）：古代作战时战士所戴的头盔，这里指战士。

破阵子·为陈同甫赋壮词以寄之

宋·辛弃疾

醉里挑灯看剑，梦回吹角连营。
八百里分麾下炙，五十弦翻塞外声。
沙场秋点兵。
马作的卢飞快，弓如霹雳弦惊。
了却君王天下事，赢得生前身后名。
可怜白发生！

过零丁洋

宋 · 文天祥

辛苦遭逢起一经，干戈寥落四周星。
山河破碎风飘絮，身世浮沉雨打萍。
惶恐滩头说惶恐，零丁洋里叹零丁。
人生自古谁无死？留取丹心照汗青。

天净沙 · 秋思

元 · 马致远

枯藤老树昏鸦，小桥流水人家，
古道西风瘦马。
夕阳西下，断肠人在天涯。

山坡羊·潼关怀古

元·张养浩

峰峦如聚，波涛如怒，山河表里潼关路。
望西都，意踌躇。
伤心秦汉经行处，宫阙万间都做了土。
兴，百姓苦；亡，百姓苦。

己亥杂诗（其五）

清·龚自珍

浩荡离愁白日斜，吟鞭东指即天涯。
落红不是无情物，化作春泥更护花。

满江红

近代 · 秋瑾

小住京华，早又是中秋佳节。
为篱下黄花开遍，秋容如拭。
四面歌残终破楚，八年风味徒思浙。
苦将侬强派作蛾眉，殊未屑！
身不得，男儿列，心却比，男儿烈！
算平生肝胆，因人常热。
俗子胸襟谁识我？英雄末路当磨折。
莽红尘何处觅知音？青衫湿！

《论语》十二章

1. 子曰："学而时习之，不亦说乎？有朋自远方来，不亦乐乎？人不知而不愠，不亦君子乎？"（《学而》）

2. 曾子曰："吾日三省吾身：为人谋而不忠乎？与朋友交而不信乎？传不习乎？"（《学而》）

3. 子曰："吾十有五而志于学，三十而立，四十而不惑，五十而知天命，六十而耳顺，七十而从心所欲，不逾矩。"（《为政》）

4. 子曰："温故而知新，可以为师矣。"（《为政》）

5. 子曰："学而不思则罔，思而不学则殆。"（《为政》）

6. 子曰："贤哉，回也！一箪[①]食，一瓢饮，在陋巷，人不堪其忧，回也不改其乐。贤哉，回也！"（《雍也》）

7. 子曰："知之者不如好之者，好之者不如乐之者。"（《雍也》）

---

① 箪（dān）：古时盛饭用的圆形竹器。

8. 子曰："饭疏食，饮水，曲肱[①] 而枕之，乐亦在其中矣。不义而富且贵，于我如浮云。"（《述而》）

9. 子曰："三人行，必有我师焉。择其善者而从之，其不善者而改之。"（《述而》）

10. 子在川上曰："逝者如斯夫，不舍昼夜。"（《子罕》）

11. 子曰："三军可夺帅也，匹夫不可夺志也。"（《子罕》）

12. 子夏曰："博学而笃志，切问而近思，仁在其中矣。"（《子张》）

① 肱（gōng）：胳膊。

译文

1. 孔子说："学习新知然后定时温习，不是很愉快吗？朋友远道而来，不是很快乐吗？别人不了解自己却不因此而生气，这不就是君子吗？"

2. 曾子说："我每天都会多次反省自己：为别人做事是否尽心尽力了呢？与朋友交往是否诚实呢？老师教授我的知识是否复习了呢？"

3. 孔子说："我十五岁就立志于学问；到了三十岁就小有所成，能够自立；四十岁，有了一定的知识，能做到不被外物迷惑；五十岁得知天命；六十岁能听得进不同的意见；到了七十岁，便可以跟随自己的内心，而任何念头都不会违背规矩礼制。"

4. 孔子说："不断温习旧知识并能有新体会、新发现的人，就可以成为老师了。"

5. 孔子说："学习而不思考，就会迷惘不知所措；空想却不学习，就会疑惑而无所得。”

6. 孔子说：“颜回多么有修养啊！一竹筐饭，一瓜瓢水，住在偏僻的陋巷里，别人都不能承受那样的烦恼，然而颜回呢，却不改变自己的快乐，颜回多么有修养啊！”

7. 孔子说：“对于任何学问和事业来说，愿意学习它的人不如爱好它的人；爱好它的人不如以它为乐的人。”

8. 孔子说：“吃粗茶淡饭，喝冷水，弯曲着胳膊当枕头，只要和大道正义在一起，我也乐在其中。干不正当的事得来的富贵，对于我来说，就像是浮云一样。”

9. 孔子说：“几个人一道行走，其中一定有人可以当我的老师。我选择他的优点来学习，对照他的缺点来加以修正。”

10. 孔子站在河岸边，感慨道：“所有失去的一切就像这河水一样，每时每刻都在消失，从早到晚，一刻不停歇！”

11. 孔子说：“一个国家的军队可以更换将领，而一个人，即使是一个普通人也不能轻易改变他的志向。”

12. 子夏说：“广博地学习，坚定自己的志向，恳切地发问，多考虑当前的问题，那么仁道就在其中呀！”

曹刿论战

《左传》

十年春，齐师伐我。公将战，曹刿请见。其乡人曰："肉食者谋之，又何间[1]焉？"刿曰："肉食者鄙，未能远谋。"乃入见。问："何以战？"公曰："衣食所安，弗敢专也，必以分人。"对曰："小惠未遍，民弗从也。"公曰："牺牲玉帛，弗敢加也，必以信。"对曰："小信未孚，神弗福也。"公曰："小大之狱[2]，虽不能察，必以情。"对曰："忠之属也。可以一战。战则请从。"

公与之乘，战于长勺。公将鼓之。刿曰："未可。"齐人三鼓。刿曰："可矣。"齐师败绩。公将驰之。刿曰："未可。"下视其辙，登轼而望之，曰："可矣。"遂逐齐师。

既克，公问其故。对曰："夫战，勇气也。一鼓作气，再而衰，三而竭。彼竭我盈，故克之。夫大国，难测也，惧有伏焉。吾视其辙乱，望其旗靡，故逐之。"

---

① 间（jiàn）：参与。

② 狱：指诉讼案件。

译文

鲁庄公十年春天，齐国攻打鲁国。庄公准备迎战。曹刿请求进见。他的同乡说："上位者谋划这件事，你又去掺和什么呢？"曹刿说："当权的人见识鄙陋，不能有长远的谋划。"于是进见。曹刿问庄公："您凭什么来迎战呢？"庄公说："衣服、食物这些生活保障，不敢专擅，一定会和周围的人分享。"曹刿回答说："这样小的恩惠不能周全遍施，百姓是不会跟随您的。"庄公继续说："祭祀神明、祖先都会按照规矩，祭品不敢虚报数目，祝告的言辞一定属实以告。"曹刿回答说："小小的诚信都不能使神明相信，神明是不会保佑的。"庄公又说："无论案件大小，即使不能一一洞察清楚，也一定会依情揆理办案。"这下曹刿终于说："这是赢得百姓忠诚的做法，可以凭此一战了。如果要开战，请让我随军出征。"

鲁庄公和曹刿同乘战车，率领鲁国军队和齐国在长勺作战。鲁庄公将要击鼓发兵。曹刿说："现在还不可以。"在齐人打了三通战鼓之后，曹刿才说："现在可以进军了！"齐国的军队败退。鲁庄公要指挥军队乘胜追击，曹刿说："不可以。"曹刿走下战车，俯身观察齐国战车的车辙印，然后又登上车前的横板眺望，接着说："现在可以进军了！"鲁国军队乘胜追赶齐国败兵，取得了长勺之战的胜利。

得胜还朝，鲁庄公问曹刿其中的缘故。曹刿回答说："打仗靠的是勇气。第一次击鼓，勇气十足，第二次击鼓就会有所衰减，到了第三次就会勇气全无。敌人气势衰竭，而我方正鼓足士气，因此能够击退敌军。齐国作为大国，它的实力深不可测，我担心会有埋伏。我仔细观察，发现他们的战车车辙印迹已经混乱，远远望去战旗已经倒下，显现出了败迹，因此才决定乘胜追击。"

《孟子》三则

鱼，我所欲也

《孟子·告子上》

鱼，我所欲也；熊掌，亦我所欲也。二者不可得兼，舍鱼而取熊掌者也。生，亦我所欲也；义，亦我所欲也。二者不可得兼，舍生而取义者也。生亦我所欲，所欲有甚于生者，故不为苟得也；死亦我所恶，所恶有甚于死者，故患有所不辟也。如使人之所欲莫甚于生，则凡可以得生者何不用也？使人之所恶莫甚于死者，则凡可以避患者何不为也？由是则生而有不用也，由是则可以避患而有不为也。是故所欲有甚于生者，所恶有甚于死者。非独贤者有是心也，人皆有之，贤者能勿丧耳。

一箪食，一豆[①]羹，得之则生，弗得则死。呼尔而与之，行道之人弗受；蹴[②]尔而与之，乞人不屑也。万钟则不辩礼义而受之，万钟于我何加焉！为宫室之美，妻妾之奉，所识穷乏者得我与？乡为身死而不受，今为宫室之美为之；乡为身死而不受，

① 豆：古代一种木制的盛食物的器具。

② 蹴（cù）：用脚踢。

今为妻妾之奉为之；乡为身死而不受，今为所识穷乏者得我而为之：是亦不可以已乎？此之谓失其本心。

富贵不能淫

《孟子 · 滕文公下》

景春曰："公孙衍、张仪岂不诚大丈夫哉？一怒而诸侯惧，安居而天下熄。"①

孟子曰："是焉得为大丈夫乎？子未学礼乎？丈夫之冠也，父命之；女子之嫁也，母命之，往送之门，戒之曰：'往之女家，必敬必戒，无违夫子！'以顺为正者，妾妇之道也。居天下之广居，立天下之正位，行天下之大道。得志，与民由之；不得志，独行其道。富贵不能淫，贫贱不能移，威武不能屈。此之谓大丈夫。"

① 景春：纵横家，与孟子同时代的人。公孙衍：战国时期魏国人，当时著名的说客。张仪：战国时期魏国人，游说六国连横去服从秦国的政客。熄：烽火熄灭，指无战事。

生于忧患，死于安乐

《孟子·告子下》

舜发于畎亩之中，傅说举于版筑之间，胶鬲举于鱼盐之中，管夷吾举于士，孙叔敖举于海，百里奚举于市。① 故天将降大任于是人也，必先苦其心志，劳其筋骨，饿其体肤，空乏其身，行拂乱其所为，所以动心忍性，曾益其所不能。

人恒过，然后能改；困于心，衡于虑，而后作；征于色，发于声，而后喻。入则无法家拂② 士，出则无敌国外患者，国恒亡。然后知生于忧患而死于安乐也。

---

① 畎（quǎn）亩：田地。傅说（yuè）：商王武丁夜晚梦到在版筑筑墙的劳工中找到一位治世之臣，号曰傅说。胶鬲（gé）：纣王大夫，曾避乱藏于盐市。后来他又辅佐周武王。管夷吾：管仲。孙叔敖：楚国令尹（宰相）。百里奚：春秋时虞国人，世称“五羖大夫”，为秦国大夫。

② 拂：同“弼”，辅佐。

仇英戲寫

译文

鱼我所欲也

鱼，是我想要的，熊掌，也是我想要的，如果二者不能同时拥有，那么便舍弃鱼而选择熊掌；生命，是我想拥有的，道义，也是我想拥有的，如果二者不能都拥有，那么便放弃生命而选择坚持大义。生命固然是我珍视的，然而我珍视的还有比生命更重要的，因此不能做苟且偷生的事；死亡是我厌恶的，而有比死亡更令我厌恶的，所以有的祸患就不能逃避。倘若人们想要的没有比生命更重要的，那么凡是能够用来求生的手段，有什么不可以使用呢？假若人没有比死更厌恶的事，那么凡是可以用来躲避灾祸的办法，哪会不采用呢？采用这种做法能够得以生存，有的人却不去做；采用这种办法能够免除祸患，可有的人也不去干。因此可知，有比生命更值得拥有的东西，也有比死亡更令人厌恶的东西。并非只有道德高尚者才有这样的想法，这是每个人都有的，只不过道德高尚的人没有丧失对大义的持守而已。

一食篮饭，一碗羹汤，得到就能活下去，得不到就会丧命。如果轻蔑地呼喝着给人吃，路上饥饿的人都不会接受；用脚踢给别人吃，即使是乞丐也不会多看一眼的。然而，有的人对丰厚的俸禄却不管是否符合礼义就接受了，万钟的俸禄对我有什么好处呢？难道是为了漂亮的房子，妻妾的侍奉和所认识的贫苦的人感恩戴德吗？以前宁肯死也不会接受，如今却为了漂亮的房子接受了；以前宁死也不会接受，如今却为了妻妾的侍奉而接受了；以前宁肯死也不会接受，今天却为了所认识的贫苦的人感恩戴德而接受了。这些难道不该悬崖勒马吗？这正是所说的丧失了初心。

富贵不能淫

景春说：“公孙衍和张仪难道不是真正的有志气、有作为的男子吗？他们一旦发怒，诸侯们就心惊胆战；他们安居度日时，天下也会随之太平了。”

孟子说：“如果仅仅这样，又怎么能说是大丈夫呢？先生没有学过礼吗？男子行加冠礼时，父亲要训导他；女子出嫁时，母亲要训导她，把女儿送到门口，告诫她说：‘嫁到你夫家，一定要孝敬公婆，谨言慎行，不要违逆丈夫！’以温顺为原则，这才是妇人应该遵守的道理。一个男人居处在广阔的世界上，行身立命于天下之正中，为人处世走天下最光明的仁义之路。如果能实现自己的志向，就带领百姓一起走上这条道路；如果不能实现自己的志向，那也要独自坚守道义。富贵不能使他迷惑，贫贱的处境不能使他动摇，威武的暴力也不能使他屈服，这才叫作大丈夫啊！”

生于忧患，死于安乐

舜从田亩之中发迹，傅说在修筑工事的苦力中被提拔，胶鬲在打鱼晒盐时被提拔，管夷吾坐牢时被提拔，孙叔敖在海边隐居时被提拔，百里奚在奴隶市场被提拔。所以，当上天将要把大任务降临到某人肩上时，必定要让他的内心痛苦，让他的筋骨疲乏，让他的身体饥饿，让他行动时身无长物一贫如洗，总是干扰他的作为，使他事事不如意。用这些来磨砺他的心性，坚韧他的意志，增加他所不具备的能力。

一个人常犯错误，然后才能改正；心中困苦，思虑阻塞，然后才能崛起；反映在面色上，吐露在倾诉中，才能被他人理解。一个国家，在内没有重视法度的大臣和足以辅佐君王的人，在外没有能与之抗衡的邻国或外部的威胁，这样的国家通常很容易衰败灭亡。所有这一切都不难令人知晓，忧愁祸患能够让人生存，而安逸享乐足以导致灭亡！

《礼记》二则

虽有嘉肴

虽有嘉肴，弗食，不知其旨也；虽有至道，弗学，不知其善也。是故学然后知不足，教然后知困。知不足，然后能自反也；知困，然后能自强也。故曰：教学相长也。《兑命》曰“学学半”[①]，其此之谓乎？

① 《兑（yuè）命》：“兑”通“说（yuè）”，《尚书》中的一篇。学（xiào）学（xué）半：教别人，占自己学习的一半。前一个“学”同“敩（xiào）”，教导。

大道之行也

大道之行也，天下为公。选贤与能，讲信修睦。故人不独亲其亲，不独子其子，使老有所终，壮有所用，幼有所长，矜[①]、寡、孤、独、废疾者皆有所养，男有分[②]，女有归。货恶其弃于地也，不必藏于己；力恶其不出于身也，不必为己。是故谋闭而不兴，盗窃乱贼而不作，故外户而不闭。是谓大同。

① 矜（guān）：同“鳏”。

② 分（fèn）：职分。

译文

虽有嘉肴

虽然有好菜，不吃就不知道它的美味；虽然有最好的道理，不学就不明白它的好处。所以经过学习然后才知道自己的不足，教导人然后才知道自己的困惑。知道不足，然后才能够自我反省，知道困惑然后才能够发愤图强。所以说教与学是相互促进的。《尚书·兑命》中说："教别人，占自己学习的一半。"大概说的就是这个意思吧！

大道之行也

大道通行的时代，天下为全体人民所共有。选举贤德与能干的人来管理，讲求诚信，培养和睦气氛。所以人们不只是敬爱自己的双亲，不只是疼爱自己的子女，更能博爱世人，使老人们都能安度终生，壮年们都能发挥自己的才用，儿童们都能健康成长，使老而无妻的人、老而无夫的人、幼年丧父的孩子、老而无子的人、残疾病人都能得到供养。男人都有自己的职务，女人都有自己的归宿。对于物质资料，人们厌恶把它丢弃在地上，而不是想据为己有；力气，厌恶它不出于自己，但愿多出力并不是为了自己的私利。因此为非作歹的念头自然都闭塞而不能兴起，盗窃作乱害人的事自然都不会发生，所以大门都不用关上了。这就叫作大同世界。

《列子》一则

伯牙善鼓琴，钟子期善听。伯牙鼓琴，志在登高山，钟子期曰："善哉，峨峨兮若泰山。"志在流水，钟子期曰："善哉，洋洋兮若江河。"伯牙所念，钟子期必得之。伯牙游于泰山之阴，卒[①] 逢暴雨，止于岩下，心悲，乃援琴而鼓之。初为霖雨之操，更造崩山之音，曲每奏，钟子期辄穷其趣。伯牙乃舍琴而叹曰："善哉，善哉，子之听夫志，想象犹吾心也。吾于何逃声哉？"

---

① 卒：通"猝"，突然。

译文

伯牙擅长弹琴，钟子期善于欣赏。伯牙弹琴，内心向往着登临高山，钟子期便叹道："好极了，巍巍峨峨，就像泰山一样！"伯牙又向往着滔滔流水，钟子期又喝彩道："绝妙啊，浩浩荡荡，就像长江大河一样！"凡是伯牙心中所想的，钟子期都能够知道。有一次伯牙漫游到泰山北麓，突然遇上暴雨。他被困在岩石下面，一时悲从中来，就取琴弹奏起来。起初他弹了悲感于连绵大雨的琴曲，接着又奏出了高山崩塌的壮烈之音。每奏一曲，钟子期立即就悟透其中的旨趣。于是，伯牙放下琴，长叹道："好啊，好啊，你所听到的心意，想象到的和我想表达的一样。我如何能隐匿自己的心声呢？"

邹忌[1]讽齐王纳谏

《战国策》

邹忌修八尺有余，而形貌昳丽。朝服衣冠，窥镜，谓其妻曰："我孰与城北徐公美？"其妻曰："君美甚，徐公何能及君也？"城北徐公，齐国之美丽者也。忌不自信，而复问其妾曰："吾孰与徐公美？"妾曰："徐公何能及君也？"旦日，客从外来，与坐谈，问之客曰："吾与徐公孰美？"客曰："徐公不若君之美也。"明日徐公来，孰[2] 视之，自以为不如；窥镜而自视，又弗如远甚。暮寝而思之，曰："吾妻之美我者，私我也；妾之美我者，畏我也；客之美我者，欲有求于我也。"

于是入朝见威王，曰："臣诚知不如徐公美。臣之妻私臣，臣之妾畏臣，臣之客欲有求于臣，皆以美于徐公。今齐地方千里，百二十城，宫妇左右莫不私王，朝廷之臣莫不畏王，四境之内莫不有求于王：由此观之，王之蔽甚矣。"

王曰："善。"乃下令："群臣吏民能面刺寡人之过者，

---

① 邹忌：齐人，齐威王时任齐相。

② 孰：通"熟"，仔细。

受上赏；上书谏寡人者，受中赏；能谤讥于市朝，闻寡人之耳者，受下赏。”令初下，群臣进谏，门庭若市；数月之后，时时而间进；期年[①] 之后，虽欲言，无可进者。燕、赵、韩、魏闻之，皆朝于齐。此所谓战胜于朝廷。

① 期（jī）年：满一年。

译文

邹忌身高八尺以上，外形俊美。一天早上，他穿好衣服，戴上帽子，照着镜子，对他妻子说："我跟城北的徐公谁漂亮？"他的妻子说："您漂亮极了，徐公哪里比得上您呀！"城北的徐公，是齐国美男子。邹忌不相信，就又问他的妾说："我跟徐公谁漂亮？"妾说："徐公哪里比得上您呢！"第二天，有客人从外边来，邹忌跟他坐着聊天，问他道："我和徐公谁漂亮？"客人说："徐公不如您漂亮啊。"又过了一天，徐公来了，邹忌仔细看他，自己认为不如他漂亮；再照着镜子看自己，更觉得相差太远。晚上躺在床上，反复考虑这件事，终于明白了："我的妻子认为我美，是因为偏爱我；妾认为我美，是因为害怕我；客人认为我美，是对我有所求。"

于是，邹忌上朝拜见威王，说："臣确实知道不如徐公美。臣的妻子偏爱臣，臣的妾害怕臣，臣的客人对臣有所求，都说我比徐公美。现在齐国土地方圆千里，有一百二十座城邑，大王的后宫妃嫔、左右亲信，没一个不偏爱大王；满朝大臣，没一个不害怕大王；一国之内的人，没一个不有求于大王。由此看来，大王所受的蒙蔽就太严重了！”

威王说：“说得对呀！”于是就下了一道命令：“朝中大臣和各级官员能够当面指责我的过错的，得上等奖赏；书面规劝我的，得中等奖赏；能够在公共场所评论我的过错而让我听到的，得下等奖赏。”命令刚下达，许多大臣都来进言规劝，宫门口和院子里像热闹的集市；几个月后，偶尔才有人进言规劝；一年以后，即使有人想规劝，也没有什么可说的了。燕国、赵国、韩国、魏国听到这件事，都到齐国来朝拜威王。这就是所谓在朝堂之上战胜敌国。

出师表

三国 · 诸葛亮

先帝创业未半而中道崩殂①，今天下三分，益州疲弊，此诚危急存亡之秋也。然侍卫之臣不懈于内，忠志之士忘身于外者，盖追先帝之殊遇，欲报之于陛下也。诚宜开张圣听，以光先帝遗德，恢弘志士之气，不宜妄自菲薄，引喻失义，以塞忠谏之路也。

宫中府中，俱为一体，陟罚臧否②，不宜异同。若有作奸犯科及为忠善者，宜付有司论其刑赏，以昭陛下平明之理，不宜偏私，使内外异法也。

侍中、侍郎郭攸之、费祎、董允等，此皆良实，志虑忠纯，是以先帝简拔以遗陛下。愚以为宫中之事，事无大小，悉以咨之，然后施行，必能裨补阙漏，有所广益。

将军向宠，性行淑均，晓畅军事，试用于昔日，先帝称之曰能，是以众议举宠为督。愚以为营中之事，悉以咨之，必能使行阵和睦，优劣得所。

---

① 殂（cú）：死亡。

② 陟（zhì）罚臧（zāng）否（pǐ）：提拔，处罚，赞扬，批评。

亲贤臣，远小人，此先汉所以兴隆也；亲小人，远贤臣，此后汉所以倾颓也。先帝在时，每与臣论此事，未尝不叹息痛恨于桓、灵也。侍中、尚书、长史、参军，此悉贞良死节之臣，愿陛下亲之信之，则汉室之隆，可计日而待也。

臣本布衣，躬耕于南阳，苟全性命于乱世，不求闻达于诸侯。先帝不以臣卑鄙，猥自枉屈，三顾臣于草庐之中，咨臣以当世之事，由是感激，遂许先帝以驱驰。后值倾覆，受任于败军之际，奉命于危难之间，尔来二十有一年矣。

先帝知臣谨慎，故临崩寄臣以大事也。受命以来，夙夜忧叹，恐托付不效，以伤先帝之明，故五月渡泸，深入不毛。今南方已定，兵甲已足，当奖率三军，北定中原，庶竭驽钝，攘除奸凶，兴复汉室，还于旧都。此臣所以报先帝而忠陛下之职分也。至于斟酌损益，进尽忠言，则攸之、祎、允之任也。

愿陛下托臣以讨贼兴复之效；不效，则治臣之罪，以告先帝之灵。若无兴德之言，则责攸之、祎、允等之慢，以彰其咎。陛下亦宜自谋，以咨诹[①] 善道，察纳雅言，深追先帝遗诏。臣不胜受恩感激。今当远离，临表涕零，不知所言。

---

① 诹（zōu）：询问。

译文

先帝创立大业还未完成一半，竟然中途去世。如今天下形成三国鼎立的局面，益州地区国力困乏，民生凋敝，这实在是国家生死存亡的危急关头啊！然而，朝廷上的官员，在内供职毫不懈怠，军队中的将士，在外作战舍生忘死，这都是追念先帝对他们的特殊恩遇，想报答陛下啊。陛下实在应该广开言路，听取群臣意见，来发扬光大先帝遗留下来的美德，振奋有志之士的报国精神。不应该随便地看轻自己，言谈违背道义，从而堵塞了臣下尽忠劝谏的道路。

宫中的侍臣和府中的官吏，本都是一个整体。升赏惩罚，赞扬批评，不应标准不同。如果有干坏事违法乱纪的，或者有尽忠心多做善事的，应该一律交给负责专职的官员来评定，加以处罚或奖赏，来显示陛下处理问题的公正严明，不应偏袒私护，使得宫内和朝廷的法令不统一。

侍中、侍郎郭攸之、费祎、董允等，这些都是善良诚实的人，他们心志意念忠贞纯正，所以先帝把他们选拔出来，留下来辅佐陛下。我认为宫内的事情，无论大小，都应该征询他们的意见，然后再去实施执行。这样一定能够弥补过失或疏漏，收到很好的效果。

将军向宠，品性善良，办事公正，通晓军事，当初他任职时，先帝称赞他能干，所以大家商议推举他担任中部督。我认为军营中的事情，都要征询他的意见，就一定能使军队内部协调一致，将士们德才无论高低，都会有合适的安排。

亲近贤臣，疏远小人，这是西汉兴盛发达的缘故；亲近小人，疏远贤臣，这是东汉覆亡衰败的原因。先帝在世的时候，每次跟我谈到这些事情，没有一次不对桓帝、灵帝的表现发出叹息，感到痛心、惋惜的。侍中郭攸之、费祎，尚书陈震，长史张裔，参军蒋琬，这些都是忠贞坦诚、能以死报国的臣子，希望陛下能够亲近他们，信任他们，这样汉室的兴盛，就指日可待了。

我本来是个平民百姓，在南阳耕田种地，只求在乱世间苟且保全性命，不奢求在诸侯中获得显贵的名声。先帝不因我身份低微、见识浅陋，竟然降低身份委屈自己，三次亲自到草庐中来拜访我，征询我对天下大事的看法。因此我深为感动，从而答应为先帝奔走效力。后来遇到战事失败，我在战败的时候接受了任务，在危难的关头执行使命，从那时到如今，已有二十一年了。

先帝深知我做事小心谨慎，所以在临终时把国家大事托付给我。接受先帝遗命以来，我日夜担忧叹息，唯恐不能完成托付给我的大任，从而有损先帝的英明。所以我五月率军南渡泸水，深入草木不生的荒凉之地。如今南方已经平定，武器盔甲都已经备足，应当鼓励、统率全军，北伐平定中原地区，我愿竭尽平庸的才能，铲除奸邪凶恶的敌人，复兴汉朝王室，返回旧日国都。这是我用来报答先帝、尽忠陛下的分内职责啊。至于权衡利弊得失，向陛下毫无保留地进献忠言，那就是郭攸之、费祎、董允他们的责任了。

希望陛下把讨伐奸贼、兴复汉室的大任交付给我，如果不能做出成绩，那就请惩办我失职的罪过，用来告慰先帝在天之灵。如果没有规劝陛下发扬圣德的意见，那就要责罚郭攸之、费祎、董允等人的怠慢，公布他们的过失。陛下也应该自己多加思虑谋划，征求询问治理国家的好办法，明察并采纳正确意见，深切追念先帝临终的诏命，我这就更觉得自己深受大恩、感激不尽了。如今即将离朝远征，面对这份奏表，我热泪纵横，激动得不知说了些什么。

桃花源记

晋 · 陶渊明

晋太元中，武陵人捕鱼为业。缘溪行，忘路之远近。忽逢桃花林，夹岸数百步，中无杂树，芳草鲜美，落英缤纷。渔人甚异之，复前行，欲穷其林。

林尽水源，便得一山，山有小口，仿佛若有光。便舍船，从口入。初极狭，才通人。复行数十步，豁然开朗。土地平旷，屋舍俨然[①]，有良田、美池、桑竹之属。阡陌交通，鸡犬相闻。其中往来种作，男女衣着，悉如外人。黄发垂髫，并怡然自乐。

见渔人，乃大惊，问所从来。具答之。便要还家，设酒杀鸡作食。村中闻有此人，咸来问讯。自云先世避秦时乱，率妻子邑人来此绝境，不复出焉，遂与外人间隔。问今是何世，乃不知有汉，无论魏晋。此人一一为具言所闻，皆叹惋。余人各复延至其家，皆出酒食。停数日，辞去。此中人语云：“不足为外人道也。”

① 俨（yǎn）然：整齐的样子。

既出，得其船，便扶向路，处处志之。及郡下，诣太守，说如此。太守即遣人随其往，寻向所志，遂迷，不复得路。

南阳刘子骥，高尚士也，闻之，欣然规往。未果，寻病终。后遂无问津者。

译文

晋朝太元年间，武陵郡有一个靠捕鱼为生的人。有一天，他划着小船沿着溪流前行，忘记走了多远。忽然，眼前出现了一片桃花林，溪水两岸数百步之内，除桃树外没有其他杂树，林中鲜嫩的碧草散发着阵阵清香，娇艳的桃花纷纷飘落在草地上。这美丽的景象使渔人感到异常惊奇，他继续向前走，想走到这片桃林的尽头看个究竟。

桃林尽头就是溪水发源的地方，那里有一座小山横在渔人

面前。山上有一个小洞口，洞口隐约透出些许光亮。于是渔人离船上岸，从洞口进去。洞内起初十分狭窄，只能容一人通过。又向前走了几十步，渔人眼前忽然开阔明朗。只见那里土地平整广阔，房屋村舍整整齐齐，有肥沃的田地、清澈美丽的池塘，以及桑树、翠竹之类的植物。田间小路纵横交错，村落间能彼此听见鸡鸣狗叫的声音。那些来来往往耕种劳作的人，不论男女，衣着打扮都和此地之外的人一样。老人和小孩儿个个笑逐颜开，自得其乐。

他们看到渔人，都十分惊讶，询问渔人从哪里来。渔人一一做了回答。有人就邀请渔人到家里做客，摆酒杀鸡来款待他。村里人听说来了这样一位客人，都来向他打听消息。据村里人自己说，他们的祖先为了躲避秦朝时期的战乱，带着妻儿、乡亲来到这个与外界隔绝的地方，从此再也没有从这里出去过，于是就和外面的人断绝了往来。他们问渔人现在是什么朝代，他们竟然不知道有汉朝，就更不用说魏朝和晋朝了。渔人就向他们一一讲述自己的见闻，他们听了都不停地感慨叹息。其余

的人又轮流邀请渔人到自己家中，纷纷拿出酒菜饭食招待他。渔人在那里住了几天，向众人告辞。这里的人叮嘱渔人说：“我们这里的情况没有必要向外边的人说啊！”

渔人出来以后，找到自己的船，就沿着来时的路返回，沿途处处做了记号。回到武陵郡里，渔人就去拜见太守，报告了自己的见闻。太守马上派人跟随渔人前往，寻找先前所做的记号，结果却迷失了方向，再也没有找到那条路。

南阳有个叫刘子骥的，是个高人雅士。听说了这件事，他很高兴地打算前往探寻，还没有实现，不久就得病去世了。此后就没有再去探寻桃花源的人了。

五柳先生传

晋 · 陶渊明

先生不知何许人也，亦不详其姓字，宅边有五柳树，因以为号焉。闲静少言，不慕荣利。好读书，不求甚解；每有会意，便欣然忘食。性嗜酒，家贫不能常得。亲旧知其如此，或置酒而招之；造[1]饮辄尽，期在必醉。既醉而退，曾不吝情去留。环堵[2]萧然，不蔽风日；短褐穿结，箪瓢屡空，晏如也。常著文章自娱，颇示己志。忘怀得失，以此自终。

赞曰：黔娄之妻有言："不戚戚于贫贱，不汲汲于富贵。"其言兹若人之俦[3]乎？衔觞赋诗，以乐其志。无怀氏之民欤？葛天氏之民欤？

---

① 造：至，到。

② 环堵：四围土墙，形容居室的简陋。

③ 俦（chóu）：同类。

译文

先生不知是什么地方的人，也不知道他的姓和字，他的屋边有五棵柳树，就以此为号。他为人闲静，很少说话，也不贪图虚名浮利。他喜欢读书，读书只求领会要旨，不在一字一句的解释上过分深究。每有心得体会，便会高兴得忘了吃饭。生性偏爱喝酒，但家境贫困，不能经常有酒喝。亲戚和朋友们知道他这样，有时就备好酒请他去喝。他去喝酒就喝个尽兴，希望一定喝醉。五柳先生态度率真，来了就喝酒，喝完就走，从来不把顾惜挽留之情放在心上。简陋的居室里空空荡荡，不能遮风防晒；粗布短衣上打了补丁，盛饭的箪、舀水的瓢常常是空的，他却安然自若，一点儿也不放在心上。平时常常写些文章来自娱自乐，很能以此表示自己的情志。忘掉世俗的利弊得失，就这样默默地过完自己的一生。

赞语说：黔娄的妻子曾经说过："不为贫贱而忧愁，不热衷于发财做官。"这话大概说的就是五柳先生一类的人吧。一边喝酒一边作诗，为自己抱定的志向感到快乐。他该是无怀氏时期的人呢，还是葛天氏时期的人呢？

答谢中书书

南北朝 · 陶弘景

山川之美，古来共谈。高峰入云，清流见底。两岸石壁，五色交辉。青林翠竹，四时俱备。晓雾将歇，猿鸟乱鸣；夕日欲颓，沉鳞竞跃。实是欲界之仙都。自康乐以来，未复有能与其奇者。

译文

山川景色的美丽，自古以来就是文人雅士共同谈赏的话题。巍峨的山峰耸入云端，明净的溪流清澈见底。两岸的石壁色彩斑斓，交相辉映。苍青的森林、碧绿的竹子，四季常存。晨雾将散，传来猿啼鸟鸣；夕阳落山，沉潜水底的鱼儿争相跃出水面。这里实在是人间的仙境啊。但自从南朝谢灵运以来，就再也没有人能够领略这奇丽景色了。

与朱元思书

南北朝 · 吴均

风烟俱净，天山共色。从流飘荡，任意东西。自富阳至桐庐一百许里，奇山异水，天下独绝。

水皆缥碧[①]，千丈见底。游鱼细石，直视无碍。急湍甚箭，猛浪若奔。

夹岸高山，皆生寒树，负势竞上，互相轩邈，争高直指，千百成峰。泉水激石，泠泠作响；好鸟相鸣，嘤嘤成韵。蝉则千转[②]不穷，猿则百叫无绝。鸢飞戾[③]天者，望峰息心；经纶世务者，窥谷忘反。横柯上蔽，在昼犹昏；疏条交映，有时见日。

① 缥（piǎo）碧：青白色。
② 转：通“啭”，这里指蝉鸣。
③ 戾：至。

译文

风停了，烟雾消散尽净，天空、远山呈现出相同的颜色。我乘着船，随着江流漂荡，随心所欲，任船随意向东或向西漂流。从富阳到桐庐大约相距一百里，奇异的山水，是天下绝无仅有的。

江水都呈青白色，水流清澈，千丈也能见底。游鱼和细石可以看得清清楚楚，一直看下去，毫无阻碍。湍急的水流比箭还快，汹涌的波浪猛似奔马。

两岸的高山，都长着茂密常绿的树，使人看了生出寒意。山峦凭借高峻的地势，争着向上，仿佛竞相向高处和远处伸展。它们争相比高比远，笔直地向上，直插云天，形成了无数的山峰。泉水冲激着石头，发出清越的泠泠的响声；美丽的鸟儿互相和鸣，鸣声嘤嘤，和谐而动听。树上的蝉儿长久不断地鸣唱，山中的猿猴也时刻不住地啼叫。像老鹰飞到天上那样极力追逐名利的人，看到这些雄奇的山峰，就会平息那热衷于功名利禄的心；那些办理政务的人，看到这些幽美的山谷，就会流连忘返。横斜的树枝在上面遮蔽着，即使在白天，也像黄昏时那样昏暗；稀疏的枝条交相掩映，有时也可以见到阳光。

三峡

南北朝·郦道元

自三峡七百里中，两岸连山，略无阙处。重岩叠嶂，隐天蔽日，自非亭午夜分，不见曦月。

至于夏水襄陵，沿溯阻绝。或王命急宣，有时朝发白帝，暮到江陵，其间千二百里，虽乘奔御风，不以疾也。

春冬之时，则素湍绿潭，回清倒影，绝巘[①]多生怪柏，悬泉瀑布，飞漱其间，清荣峻茂，良多趣味。

每至晴初霜旦，林寒涧肃，常有高猿长啸，属引[②]凄异，空谷传响，哀转久绝。故渔者歌曰："巴东三峡巫峡长，猿鸣三声泪沾裳。"

① 绝巘（yǎn）：极高的山峰。

② 属（zhǔ）引：连续不断。

译文

三峡七百里的水路间，两岸都是连绵的高山，其间没有一点儿空缺之处。层叠的岩石和峰峦，遮天蔽日，不到正午和半夜，是看不到太阳和月亮的。

到了夏天，江水漫上丘陵，上行和下行的航道都被阻断了。如果朝廷的命令火急宣达，有时早上从白帝城出发，晚间就可以到达江陵，其间一千二百里的距离，即使骑快马，乘疾风，也没有这么快。

冬春时节，就可以看见白色的急流和碧绿的潭水，回旋的清波倒映着各种景物的影子，极高的峰峦上生长着很多姿态奇异的柏树，悬崖上的瀑布飞奔直下，水清树荣，山高草茂，真是趣味无穷啊！

每逢初晴的日子和凝霜的清晨，山林寒寂，涧水无声，高处却常常传来猿猴一声声长啸，声音十分凄楚，空谷里回荡着悲哀婉转的余音，久久方才消失。所以渔人唱道："巴东三峡巫峡长，猿鸣三声泪沾裳。"

马说

唐 · 韩愈

世有伯乐[1]，然后有千里马。千里马常有，而伯乐不常有。故虽有名马，只辱于奴隶人之手，骈死于槽枥之间[2]，不以千里称也。

马之千里者，一食或尽粟一石。食马者不知其能千里而食也。是马也，虽有千里之能，食不饱，力不足，才美不外见，且欲与常马等不可得，安求其能千里也？

策之不以其道，食之不能尽其材，鸣之而不能通其意，执策而临之，曰："天下无马！"呜呼！其真无马邪？其真不知马也！

---

① 伯乐：春秋时秦国人，善于相马，后借指善于发现和选用人才的人。

② 骈（pián）死：并列死去。槽枥：喂牲口用的槽。

译文

世上先有伯乐，然后才有千里马。千里马很常见，而能发现千里马的伯乐并不常见。所以即使是千里马，不被发现的话，也只会被低贱的人驱使而受辱，最终与普通的马并列死在马槽与拴马柱之间，始终不能被称为千里马。

千里马常常一顿饭就要吃掉一石粮食。可是喂马的人，并不知道它能日行千里，只是像对待普通的马一样饲养它。于是，这样的好马，即使有日行千里的本领，吃不饱，力不足，它的体力才干无法表现出来，就算是想与普通马一样也不能，怎么还能让它日行千里呢?

驾驭千里马时不能按照它的特性，喂养它时不能给它充足的粮食来使它发挥本领，马发出哀鸣，人却不能通晓它的意思，还拿着鞭子，傲慢地对着它呵斥：“天下并没有千里马！”唉，难道是天下真的没有千里马吗? 大概是真的不识千里马吧!

陋室铭

唐 · 刘禹锡

山不在高，有仙则名。水不在深，有龙则灵。斯是陋室，惟吾德馨。苔痕上阶绿，草色入帘青。谈笑有鸿儒，往来无白丁。可以调素琴，阅金经。无丝竹之乱耳，无案牍之劳形。南阳诸葛庐，西蜀子云亭。孔子云：何陋之有？

译文

山不在于高，有了神仙就会出名。水不在于深，有了蛟龙就有灵气。虽然这是一间简陋的居室，好在主人拥有美好的品德。门外的台阶布满青苔，青草把帘内映出了碧绿的颜色。室内谈笑风生的是学问渊博的学者，往来的客人没有一位是见识浅薄之人。主客在一起弹奏朴素的古琴，阅读佛经。没有喧嚣嘈杂的音乐干扰听觉，没有繁忙的公务催促而伤形劳神。这一间陋室堪比当年未出山的诸葛亮在南阳隐居的茅庐，也好似西汉扬雄在成都的玄亭。正如孔子所说：“这有什么简陋的呢？”

小石潭记

唐 · 柳宗元

从小丘西行百二十步，隔篁竹，闻水声，如鸣珮环，心乐之。伐竹取道，下见小潭，水尤清冽。全石以为底，近岸，卷石底以出，为坻，为屿，为嵁[1]，为岩。青树翠蔓，蒙络摇缀，参差披拂。

潭中鱼可百许头，皆若空游无所依，日光下澈，影布石上。佁然[2]不动，俶尔[3]远逝，往来翕忽，似与游者相乐。

潭西南而望，斗折蛇行，明灭可见。其岸势犬牙差互，不可知其源。

坐潭上，四面竹树环合，寂寥无人，凄神寒骨，悄怆幽邃。以其境过清，不可久居，乃记之而去。

同游者：吴武陵，龚古，余弟宗玄。隶而从者，崔氏二小生，曰恕己，曰奉壹。

① 嵁（kān）：不平的岩石。

② 佁（yǐ）然：呆呆的样子。

③ 俶（chù）尔：忽然。

译文

从小丘向西步行大约一百二十步，隔着丛生的竹子，听到流水的声音，犹如佩戴的玉佩玉环相碰而发出的声音，令人心生喜悦之情。砍伐竹子，开出一条小路，向下就看见一个小潭，潭水格外清冽。小谭以整块石头为底，靠近岸边的地方，石底有些部分翻卷出来，露出水面，成为水中的高地，又像是水中的小岛，也有高低不平的石头和小岩石露了出来。小潭周围，环绕着青葱的树木、翠绿的藤蔓，枝蔓遮掩缠绕，摇动连结，参差不齐，随风飘拂。

潭中的鱼儿有一百多条，潭水清澈，鱼儿仿佛悬游在半空中，无所依托。日光直照到潭底，鱼影映在潭底石头上。鱼儿呆呆地停在那里一动不动，忽然间又向远处游去了，来来往往，轻快敏捷，好像在和游人嬉戏。

往小潭西南方向望去，一条小溪像北斗七星一样曲折，水流像蛇爬行那样弯曲，溪身或现或隐，一段看得见，一段看不见。

小溪两岸地势像狗的牙齿那样互相交错，不知道溪水源头在什么地方。

我坐在石潭边上，这里四周被竹子、树木围绕，静悄悄的，没有旁的游人，这样的环境使人心神凄凉，寒气透骨，寂静极了，幽深极了。由于这里的环境过于冷清，不能够长时间停留，于是我记下景色就离开了。

一同去游览的人有：吴武陵，龚古，我的弟弟宗玄。作为随从跟着去的，有姓崔的两个年轻人：一个名叫恕己，一个名叫奉壹。

岳阳楼记

宋 · 范仲淹

庆历四年春，滕子京谪守巴陵郡。越明年，政通人和，百废具[①]兴，乃重修岳阳楼，增其旧制，刻唐贤今人诗赋于其上，属[②]予作文以记之。

予观夫巴陵胜状，在洞庭一湖。衔远山，吞长江，浩浩汤汤[③]，横无际涯，朝晖夕阴，气象万千，此则岳阳楼之大观也，前人之述备矣。然则北通巫峡，南极潇湘，迁客骚人，多会于此，览物之情，得无异乎？

若夫淫雨霏霏，连月不开，阴风怒号，浊浪排空，日星隐曜，山岳潜形，商旅不行，樯倾楫摧，薄暮冥冥，虎啸猿啼。登斯楼也，则有去国怀乡，忧谗畏讥，满目萧然，感极而悲者矣。

至若春和景明，波澜不惊，上下天光，一碧万顷，沙鸥翔集，锦鳞游泳，岸芷汀兰，郁郁青青。而或长烟一空，皓月千里，浮光跃金，静影沉璧，渔歌互答，此乐何极！登斯楼也，则有心旷神怡，宠辱偕忘，把酒临风，其喜洋洋者矣。

---

① 具：同“俱”，全、皆。

② 属：同“嘱”，嘱托。

③ 浩浩汤（shāng）汤：水势浩大的样子。

嗟夫！予尝求古仁人之心，或异二者之为，何哉？不以物喜，不以己悲，居庙堂之高则忧其民，处江湖之远则忧其君。是进亦忧，退亦忧。然则何时而乐耶？其必曰“先天下之忧而忧，后天下之乐而乐”乎。噫！微斯人，吾谁与归？

时六年九月十五日。

译文

宋仁宗庆历四年（1044）的春天，滕子京被降职到巴陵郡做太守。到了第二年，政事通达，百姓安康，所有荒废的事业都兴办起来，于是重新修建岳阳楼。增加原有的规模，把唐代和当今优秀诗人的诗赋刻在楼上，并嘱托我撰写文章来记录这件事。

我登上岳阳楼，观赏那巴陵郡最美的景致，都集中在洞庭湖。洞庭湖仿佛口中含着远山，好似吞吐着长江，浩浩荡荡，无边无际。从朝阳到落霞，气象千变万化，这岳阳楼的宏大气象，前人已经讲述得很详细了。既然如此，我想说的是，此地向北到达巫峡，向南到达潇水湘江，被贬谪的官吏和来往的诗人大多在此地会集，看到这样的自然风光时，他们的心情会不会因各自的际遇而有所不同呢？

在那阴雨连绵，连续数月不停的日子里，洞庭湖上阴风怒号，浊浪被卷到半空中，太阳、星辰隐藏起光辉，山岳被晦暗的光线遮掩了身姿，商人行者不敢上路，船只的桅杆桨楫被大风折断，一片冥冥的暮色之中，传出虎啸猿啼之声。此时，如果登临岳阳楼，一定会生出离开国都，怀念故乡的幽情，而更担心被谗言中伤，举目所见皆是冷落凄凉之景，一定会感慨悲伤到极点。

待到春天，气候和煦，风景明朗起来，洞庭湖春水平静，天光水色，一碧万顷，空中水鸟或飞翔或停驻，水里鳞光闪烁的鱼儿游来游去，水边生长着芷兰等各种香草，蓊蓊郁郁，生机盎然。有时大片烟雾完全消散，皎洁的月光一泻千里，金光浮动，月影仿佛是落入水中的玉璧。耳畔回响着渔歌，此唱彼和，这样的喜乐哪有穷尽啊！这样的时刻登临岳阳楼，就会感到心胸开阔，忘记个人宠辱得失，吹着舒爽的风，畅快地饮酒，真是莫大的快乐啊！

唉！我曾经试图一探古代仁者的内心世界，或许和上面两种情形不同，那又是为什么呢？原来他们不因外物的好坏和自己的得失而或喜或悲，如果他们在朝廷做高官，就会顾念民间百姓的疾苦；如果他们不在朝廷做官，仍然会顾念君王。在朝廷做官也担忧，在僻远的江湖也担忧。这样说来，他们这些人什么时候才会有快乐可言呢？他们一定会说："在天下人忧愁之前先忧愁，在天下人快乐之后才快乐。"唉！如果没有这样的人，我又将引谁为同道者呢？

写于庆历六年九月十五日。

醉翁亭记

宋 · 欧阳修

环滁皆山也。其西南诸峰，林壑[①]尤美，望之蔚然而深秀者，琅琊也。山行六七里，渐闻水声潺潺，而泻出于两峰之间者，酿泉也。峰回路转，有亭翼然临于泉上者，醉翁亭也。作亭者谁？山之僧智仙也。名之者谁？太守自谓也。太守与客来饮于此，饮少辄醉，而年又最高，故自号曰醉翁也。醉翁之意不在酒，在乎山水之间也。山水之乐，得之心而寓之酒也。

若夫日出而林霏开，云归而岩穴暝，晦明变化者，山间之朝暮也。野芳发而幽香，佳木秀而繁阴，风霜高洁，水落而石出者，山间之四时也。朝而往，暮而归，四时之景不同，而乐亦无穷也。

至于负者歌于途，行者休于树，前者呼，后者应，伛偻[②]提携，往来而不绝者，滁人游也。临溪而渔，溪深而鱼肥，酿泉为酒，泉香而酒洌，山肴野蔌[③]，杂然而前陈者，太守宴也。

---

① 壑（hè）：山谷。

② 伛（yǔ）偻（lǚ）：弯腰曲背的样子，这里指老人。

③ 蔌（sù）：蔬菜。

宴酣之乐，非丝非竹，射者中，弈者胜，觥[1] 筹交错，起坐而喧哗者，众宾欢也。苍颜白发，颓然乎其间者，太守醉也。

已而夕阳在山，人影散乱，太守归而宾客从也。树林阴翳，鸣声上下，游人去而禽鸟乐也。然而禽鸟知山林之乐，而不知人之乐；人知从太守游而乐，而不知太守之乐其乐也。醉能同其乐，醒能述以文者，太守也。太守谓谁？庐陵欧阳修也。

① 觥（gōng）：酒杯。

译文

环绕滁州城的都是山。那西南方的各个山峰，树林和山谷尤其秀美。远远望去，那林木葱茏、幽深清秀的便是琅琊山。山路上步行六七里，渐渐听到潺潺溪水声，那从两座山峰之间倾泻而出的，就是酿泉。山势回环，道路曲折蜿蜒，有一座亭子檐角翘起，如飞鸟展翅一般高踞于泉边，那就是醉翁亭。建

造亭子的是谁呢？就是这山里的僧人智仙。给亭子取名的是谁呢？就是自号“醉翁”的滁州太守。太守和客人们来到这里饮酒，稍微喝点儿就醉了，而且年纪又最大，所以就自称为“醉翁”。醉翁的意趣不在于酒，而在于山水之间。与自然山水交融互参的乐趣，体会在心头而寄寓于酒中。

至于清晨太阳升起，树林中雾气消散；烟云凝聚，山岩洞穴又变得晦暗难辨，这种阴晴明暗的变化，就是山中的清晨、黄昏。野花盛开，幽香四溢；林木秀美，布满浓荫；风高气爽，霜色洁白；溪水低落，山石显露，这就是山中四季的变化。清晨往游，傍晚归来，四季景色各异，游山玩水的乐趣也就无穷无尽。

至于背物挑担的人在山路上唱歌，赶路的人在树下歇脚，前面的人吆喝，后面的人应答，驼着背的老人、被牵着手的孩童来来往往，络绎不绝，这是滁州的人在山里游玩。到溪边去捕鱼，溪水深而鱼儿肥；用泉水来酿酒，泉水香而酒醇；山珍野味多种多样，交错杂陈摆在面前，这便是太守宴请宾客的筵席。宴饮酣畅的乐趣，并不是因为有管弦音乐。投壶的投中了，下棋的下赢了，酒杯和计酒的筹码杂乱交错，有的坐着，有的站起，喧哗吵闹，这是众多的宾客在尽情欢乐。面容苍老，满头白发，醉醺醺地靠在众人中间的那一个，就是喝醉了的太守。

不久，夕阳渐渐落到山边，人影纷纷散乱，宾客们纷纷随着太守回去了。树林浓密遮蔽成荫，鸟儿的叫声，上下一片，那便是游人散尽后鸟儿的欢乐了。但是，鸟儿只知道栖息山林的快乐，却不理解人们游山玩水的快乐；人们只知道跟着太守游玩的快乐，却不理解太守是因为他们的快乐而快乐。喝醉时能够和大家一同享受乐趣，酒醒后能够用文章描述这种欢乐情形的，那就是太守了。太守是谁？是庐陵的欧阳修啊。

爱莲说

宋 · 周敦颐

水陆草木之花，可爱者甚蕃。晋陶渊明独爱菊。自李唐来，世人甚爱牡丹。予独爱莲之出淤泥而不染，濯清涟而不妖，中通外直，不蔓不枝，香远益清，亭亭净植，可远观而不可亵玩焉。

予谓菊，花之隐逸者也；牡丹，花之富贵者也；莲，花之君子者也。噫！菊之爱，陶后鲜有闻。莲之爱，同予者何人？牡丹之爱，宜乎众矣！

译文

无论是水生还是陆生，花草树木之中，令人喜爱的花草非常多。东晋陶渊明只爱菊花。自从唐朝以来，世俗之人很喜欢牡丹。而我唯独喜欢莲花，莲花从淤泥中长出，却不沾染一丝污垢，经过清水洗涤却一点儿也不妖媚，茎秆中心贯通，外表笔直，从不生出旁逸斜出的枝蔓，气味清香飘散到很远的地方，干净笔直地矗立，你可以远远地观赏它，却绝不能靠近来玩弄它。

我认为菊花，那是花中的隐士；而牡丹呢，是花中的富贵者；那莲花呢，就是花中的君子了！啊，对菊花的热爱，东晋陶渊明之后很少有听闻的人了。对于莲花的热爱，跟我相同的爱好者又是谁呢？而喜爱牡丹的，自然很多了。

记承天寺夜游

宋 · 苏轼

元丰六年十月十二日夜，解衣欲睡，月色入户，欣然起行。念无与为乐者，遂至承天寺寻张怀民。怀民亦未寝，相与步于中庭。庭下如积水空明，水中藻、荇交横，盖竹柏影也。何夜无月？何处无竹柏？但少闲人如吾两人者耳。

译文

宋神宗元丰六年（1083）十月十二日夜，我正要解衣就寝，月光照进屋内，我高兴地起身走出去。想到周围没有能够一起分享乐趣的人，就一直走到承天寺去找张怀民。此时，张怀民也还没有就寝，我们一起来到庭院里。月光洒满庭院，像是澄澈的积水，那仿佛水中的水藻、青荇交织纵横的，应该是竹子和松柏的影子吧。哪个夜晚没有月亮？哪里没有松柏、竹子呢？只是缺少像我和怀民一样的两个闲适的人罢了！

送东阳马生序

明 · 宋濂

余幼时即嗜学。家贫，无从致书以观，每假借于藏书之家，手自笔录，计日以还。天大寒，砚冰坚，手指不可屈伸，弗之怠。录毕，走送之，不敢稍逾约。以是人多以书假余，余因得遍观群书。既加冠，益慕圣贤之道。又患无硕师名人与游，尝趋百里外，从乡之先达执经叩问。先达德隆望尊，门人弟子填其室，未尝稍降辞色。余立侍左右，援疑质理，俯身倾耳以请；或遇其叱咄，色愈恭，礼愈至，不敢出一言以复；俟[①] 其欣悦，则又请焉。故余虽愚，卒获有所闻。

当余之从师也，负箧曳屣[②] 行深山巨谷中。穷冬烈风，大雪深数尺，足肤皲裂而不知。至舍，四支僵劲不能动，媵人持汤沃灌，以衾拥覆，久而乃和。寓逆旅，主人日再食，无鲜肥滋味之享。同舍生皆被[③] 绮绣，戴朱缨宝饰之帽，腰白玉之环，左佩刀，右备容臭，烨然若神人；余则缊袍敝衣处其间，略无慕

---

① 俟（sì）：等待。

② 负箧（qiè）曳（yè）屣（xǐ）：背着书箱，拖着鞋子。

③ 被（pī）：同“披”，穿。

艳意。以中有足乐者，不知口体之奉不若人也。盖余之勤且艰若此。今虽耄老[①]，未有所成，犹幸预君子之列，而承天子之宠光，缀公卿之后，日侍坐备顾问，四海亦谬称其氏名，况才之过于余者乎？

今诸生学于太学，县官日有廪稍[②]之供，父母岁有裘葛之遗，无冻馁之患矣；坐大厦之下而诵诗书，无奔走之劳矣；有司业、博士为之师，未有问而不告，求而不得者也；凡所宜有之书，皆集于此，不必若余之手录，假诸人而后见也。其业有不精，德有不成者，非天质之卑，则心不若余之专耳，岂他人之过哉！

东阳马生君则，在太学已二年，流辈甚称其贤。余朝京师，生以乡人子谒余，撰长书以为贽[③]，辞甚畅达，与之论辩，言和而色夷。自谓少时用心于学甚劳，是可谓善学者矣！其将归见其亲也，余故道为学之难以告之。谓余勉乡人以学者，余之志也；诋我夸际遇之盛而骄乡人者，岂知余者哉！

---

① 耄（mào）老：年老。

② 廪（lǐn）稍：当时政府免费供给的俸粮称“廪”或“稍”。

③ 贽（zhì）：古时初次见尊者时所持的礼物。

译文

我年幼的时候非常喜欢读书。家里贫寒，没有办法买书来看，每次从藏书人家借书，亲手抄录，计算着日期归还。天气非常寒冷，砚台里的水都结成冰，非常坚硬，手指头冻得不能打弯儿，我也没有懈怠过。抄写完毕后，便马上跑去还书，不敢稍稍超过约定的期限。因此有很多人都愿意把书借给我，于是我能够遍观群书。成年之后，我更加仰慕圣贤的大道，又忧虑没有名师名人可以交往求教，曾经跑到一百里远的地方，只为能够向同乡前辈请教经典。同乡前辈有很高的声望，门人弟子众多，簇拥其中，对于我的请教，他的言辞、态度不曾稍有委婉。我态度恭敬侍立在旁边，提出自己的疑惑，俯下身倾耳以听。有时遇到他的训斥，我的态度却越发恭敬，礼数越发周全，不敢妄出一句话来反驳，等到他心情愉快的时候，就又再去向他请教。所以，我尽管愚笨，最终还是有所收获的。

后来，当我跟随老师学习的时候，背着书箱，拖着草鞋，

行走在深山巨谷之中。隆冬时节，风非常大，大雪有数尺之深，脚冻裂了却浑然不知。来到学舍，四肢僵硬得已经不能动了，仆人拿着热水给我盥洗，用棉被裹在我身上，很长时间才能缓过来。住在旅店里，店主每天提供两顿饭，没有鲜美的食物可吃。同住的考生都穿着丝绸的衣服，戴着装饰着朱缨宝饰的帽子，腰间佩着白玉环，左悬绣刀，右系香囊，光彩照人仿佛仙人一般。我穿着破旧的衣服居于他们中间，却没有丝毫羡慕之情。因为我内心是充盈而快乐的，就不会觉得吃的、穿的不如别人。我勤奋向学和艰苦的努力大概就是这样的。如今我虽然已是耄耋之年，也没有什么成就，却有幸做了官，并且受到天子的重视，跟随在公卿大夫之后，每日侍奉在皇帝身边，听候询问，四海之内也都会谬赞我的声名，更何况那些才华超过我，会做出更大成绩的人呢？

如今太学的学生们，每天有朝廷提供的物资，每年有父母寄送的冬袄夏衣，没有受冻挨饿的隐忧；坐在宽敞的屋子里，诵读经典著作，全无奔走的劳苦；还有专门的老师和博士当他们的老师，不必担心提问而不被解答，求教而无所获了；凡是求学应读的书籍，这里都能找到，更不必像我当初那样手抄笔录，从别人那里借书来读。他们中如果有学业不能精进，品德不能得以完善的，不是天资低下，就是意志不能像我那样专注，这难道是别人的过错吗？

这位来自东阳的马君则，已经在太学学习两年了，他的同辈都很称赞他的贤德。我到京师来，马生因为是同乡子弟而来拜见我，给我写了很长的信当作见面礼，文辞非常通顺畅达。和他辩论谈话，他言辞谦和，脸色平易。他说自己小时候用心读书，非常辛劳，这可称得上是善于学习的人哪。他将要返乡去看他的父母，我就把做学问的艰难告诉他。说我勉励同乡一心向学，这是我的志向；那些诋毁我，认为我向自己的同乡夸耀自己境遇、经历的人，哪里能理解我呢？

湖心亭看雪

明 · 张岱

崇祯五年十二月，余住西湖。大雪三日，湖中人鸟声俱绝。是日更定矣，余挐[①] 一小舟，拥毳[②] 衣炉火，独往湖心亭看雪。雾凇沆砀[③]，天与云与山与水，上下一白，湖上影子，惟长堤一痕、湖心亭一点与余舟一芥、舟中人两三粒而已。

到亭上，有两人铺毡对坐，一童子烧酒炉正沸。见余大喜曰："湖中焉得更有此人！"拉余同饮。余强饮三大白而别。问其姓氏，是金陵人，客此。及下船，舟子喃喃曰："莫说相公痴，更有痴似相公者。"

---

① 挐（ná）：撑（船）。

② 毳（cuì）：鸟兽的细毛。

③ 沆（hàng）砀（dàng）：白汽弥漫的样子。

译文

崇祯五年（1632）十二月，我住西湖边。大雪连下很多天，西湖上看不到游人踪影，就连飞鸟的声音都听不到了。这天初更时分，我撑着一叶小舟，穿着细毛皮衣，生起小火炉，独自去湖心亭看雪。湖面上冰花弥漫，天与云与山与水浑然一体，一片苍茫。湖上的影子，只有远处苏堤细长的一道痕迹，湖心亭缩成了一个小小的黑点儿，还有我的一叶小舟，以及舟中的两三粒人影而已。

到了湖心亭上，我看见两个人铺着毡席，相对而坐，一个童仆正把酒炉里的酒烧得滚沸。他们看见我，都非常高兴地对我说："想不到在湖上还会遇到您这样有闲情逸致的人！"于是，他俩拉着我一同饮酒。我痛饮了三大杯，然后跟他们道别。询问他们的姓氏，得知他们都是金陵人，在这里客居。到了下船的时候，船夫喃喃自语地说："别说相公您痴，原来还有跟相公您一样痴的人啊！"

河中石兽

清·纪昀

沧州南一寺临河干，山门圮[①] 于河，二石兽并沉焉。阅十余岁，僧募金重修，求二石兽于水中，竟不可得，以为顺流下矣。棹[②] 数小舟，曳铁钯，寻十余里无迹。

一讲学家设帐寺中，闻之笑曰："尔辈不能究物理。是非木柹[③]，岂能为暴涨携之去？乃石性坚重，沙性松浮，湮于沙上，渐沉渐深耳。沿河求之，不亦颠乎？"众服为确论。

一老河兵闻之，又笑曰："凡河中失石，当求之于上流。盖石性坚重，沙性松浮，水不能冲石，其反激之力，必于石下迎水处啮沙为坎穴。渐激渐深，至石之半，石必倒掷坎穴中。如是再啮[④]，石又再转。转转不已，遂反溯流逆上矣。求之下流，固颠；求之地中，不更颠乎？"如其言，果得于数里外。

然则天下之事，但知其一，不知其二者多矣，可据理臆断欤？

---

① 圮（pǐ）：倒塌。

② 棹（zhào）：划（船）。

③ 木柹（fèi）：木片。

④ 啮（niè）：咬，这里是侵蚀、冲刷的意思。

译文

沧州的南面，有一座寺庙靠近河岸，寺庙大门朽烂，倒塌在了河水里，门前两个石兽也一起沉没在河里。过了十多年，和尚们募集资金重新修缮寺庙，在河中寻找那两个石兽，最终也没有找到，和尚们以为石兽顺着水流被冲到了下游。于是，他们划着几只小船，拉着铁耙，找了十多里，却没有发现石兽的任何踪迹。

有一位学者在寺庙里讲学，听说了这件事就嘲笑和尚们说："你们这些人不会推究事物的道理。石兽不是木片，怎么能被暴涨的河水冲走呢？石头本性坚硬沉重，沙子本性松软轻浮，石兽埋没在沙子里，只会越沉越深罢了。你们顺着河道寻找石兽，不是疯了吗？"大家都很信服，认为他的说法很对。

一个年老的河兵听了这种说法，又嘲笑那个学者说："所有落入河中的石兽，都应到河的上游去寻找。因为石头本性坚硬沉重，沙子本性松软轻浮，水流根本不能冲走石头，河水冲击石头产生的反冲力，一定在石头下面逆水的地方冲刷沙土，形成坑洞。坑洞越冲越深，冲到石头底部的一半时，石头就会倒在坑洞里。像这样再次被水流冲击，石头就会再次翻动。像这样不停地翻动，石兽就反而逆流而上了。到河下游寻找石兽，本来就够疯狂的；到河床深处寻找它们，岂不是更疯狂吗？”人们按照他的说法去寻找，果然在上游几里外的地方找到了石兽。

既然这样，对于天下的事情，只知其一，不知其二的有很多啊！难道可以根据某个道理就做出主观判断吗？

Best Time

白马时光

请背诵全文

（下）

QING BEISONG QUANWEN

徐淳 译注

山東文藝出版社

目录

CONTENTS

辑三 少年游

目录
CONTENTS

目录

CONTENTS

辑三

少年游

静女

《诗经 · 邶风》

静女其姝，俟我于城隅。
爱而不见，搔首踟蹰。
静女其娈①，贻我彤管。
彤管有炜，说怿女美②。
自牧归荑③，洵美且异。
匪④女之为美，美人之贻。

① 娈（luán）：面目姣好。

② 说（yuè）怿（yì）：喜悦，“说”通“悦”。女（rǔ）：通“汝”，你。

③ 归（kuì）：通“馈”，赠送。荑（tí）：初生的茅草。

④ 匪：通“非”。

无衣

《诗经 · 秦风》

岂曰无衣？与子同袍。
王于兴师，修我戈矛，与子同仇。
岂曰无衣？与子同泽。
王于兴师，修我矛戟，与子偕作。
岂曰无衣？与子同裳。
王于兴师，修我甲兵，与子偕行。

采薇

《诗经·小雅》

采薇采薇，薇亦作止。
曰归曰归，岁亦莫[1]止。
靡室靡家，猃狁[2]之故。
不遑启居，猃狁之故。
采薇采薇，薇亦柔止。
曰归曰归，心亦忧止。
忧心烈烈，载饥载渴。
我戍未定，靡使归聘。
采薇采薇，薇亦刚止。
曰归曰归，岁亦阳止。
王事靡盬[3]，不遑启处。
忧心孔疚，我行不来。
彼尔维何？维常之华。
彼路斯何？君子之车。

---

① 莫（mù）：通“暮”。
② 猃（xiǎn）狁（yǔn）：我国古代北方的一个民族。
③ 盬（gǔ）：停止。

戎车既驾，四牡业业。
岂敢定居？一月三捷。
驾彼四牡，四牡骙骙。
君子所依，小人所腓。
四牡翼翼，象弭鱼服。
岂不日戒，猃狁孔棘。
昔我往矣，杨柳依依。
今我来思，雨雪霏霏。
行道迟迟，载渴载饥。
我心伤悲，莫知我哀！

氓

《诗经 · 卫风》

氓之蚩蚩①，抱布贸丝。
匪来贸丝，来即我谋。
送子涉淇，至于顿丘。
匪我愆②期，子无良媒。
将子无怒③，秋以为期。
乘彼垝垣④，以望复关。
不见复关，泣涕涟涟。
既见复关，载笑载言。
尔卜尔筮，体无咎言。
以尔车来，以我贿迁。
桑之未落，其叶沃若。
于⑤嗟鸠兮，无食桑葚！
于嗟女兮，无与士耽！

① 蚩（chī）蚩：通“嗤嗤”，憨厚、老实的样子。
② 愆（qiān）：这里指延误。
③ 将（qiāng）：愿，请。无：通“毋”，不要。
④ 垝（guǐ）垣（yuán）：倒塌的墙壁。
⑤ 于（xū）：通“吁”，此处与“嗟”皆表感慨。

士之耽兮，犹可说[1]也。
女之耽兮，不可说也！
桑之落矣，其黄而陨。
自我徂尔，三岁食贫。
淇水汤汤，渐车帷裳。
女也不爽，士贰其行。
士也罔极，二三其德。
三岁为妇，靡室劳矣。
夙兴夜寐，靡有朝矣。
言既遂矣，至于暴矣。
兄弟不知，咥[2]其笑矣。
静言思之，躬自悼矣。
及尔偕老，老使我怨。
淇则有岸，隰[3]则有泮。
总角之宴，言笑晏晏。
信誓旦旦，不思其反。
反是不思，亦已焉哉！

① 说（tuō）：通“脱”，解脱。
② 咥（xì）：讥笑。
③ 隰（xí）：低湿的地方。

离骚（节选）

战国 · 屈原

一

帝高阳之苗裔兮，朕皇考曰伯庸。
摄提贞于孟陬[1]兮，惟庚寅吾以降。
皇览揆余初度兮，肇锡余以嘉名。[2]
名余曰正则兮，字余曰灵均。
纷吾既有此内美兮，又重之以修能。
扈江离与辟芷兮，纫秋兰以为佩。
汩[3]余若将不及兮，恐年岁之不吾与。
朝搴阰之木兰兮[4]，夕揽洲之宿莽。
日月忽其不淹兮，春与秋其代序。
惟草木之零落兮，恐美人之迟暮。
不抚壮而弃秽兮，何不改乎此度？
乘骐骥以驰骋兮，来吾道[5]夫先路！

---

① 孟陬（zōu）：夏历正月。
② 览揆（kuí）：观察衡量。锡（cì）：赐予。
③ 汩（yù）：急流的样子，这里形容时光飞逝。
④ 搴（qiān）：拔取。阰（pí）：土坡。
⑤ 道（dǎo）：通“导”，引导。

二

长太息以掩涕兮，哀民生之多艰。

余虽好修姱以鞿羁兮，謇朝谇而夕替。[1]

既替余以蕙纕兮，又申之以揽茝。[2]

亦余心之所善兮，虽九死其犹未悔。

怨灵修之浩荡兮，终不察夫民心。

众女嫉余之蛾眉兮，谣诼[3]谓余以善淫。

固时俗之工巧兮，偭规矩而改错[4]。

背绳墨以追曲兮，竞周容以为度。

忳郁邑余侘傺[5]兮，吾独穷困乎此时也。

宁溘死以流亡兮，余不忍为此态也！

鸷鸟之不群兮，自前世而固然。

何方圜之能周兮，夫孰异道而相安？

屈心而抑志兮，忍尤而攘诟。

伏清白以死直兮，固前圣之所厚。

---

① 修姱（kuā）：洁净而美好。鞿（jī）羁（jī）：指自我约束。谇（suì）：进谏。

② 纕（xiāng）：佩戴。茝（chǎi）：香草名。

③ 诼（zhuó）：诽谤。

④ 偭（miǎn）：违背。错：通“措”，措施，指先圣之法。

⑤ 侘（chà）傺（chì）：失意的样子。

悔相道之不察兮，延伫乎吾将反。
回朕车以复路兮，及行迷之未远。
步余马于兰皋兮，驰椒丘且焉止息。
进不入以离尤兮，退将复修吾初服。
制芰荷①以为衣兮，集芙蓉以为裳。
不吾知其亦已兮，苟余情其信芳。
高余冠之岌岌兮，长余佩之陆离。
芳与泽其杂糅兮，唯昭质其犹未亏。
忽反顾以游目兮，将往观乎四荒。
佩缤纷其繁饰兮，芳菲菲其弥章。
民生各有所乐兮，余独好修以为常。
虽体解吾犹未变兮，岂余心之可惩？

① 芰（jì）荷：指菱叶与荷叶。

涉江采芙蓉

《古诗十九首》

涉江采芙蓉，兰泽多芳草。
采之欲遗谁？所思在远道。
还顾望旧乡，长路漫浩浩。
同心而离居，忧伤以终老。

短歌行

三国 · 曹操

对酒当歌，人生几何！
譬如朝露，去日苦多。
慨当以慷，忧思难忘。
何以解忧？唯有杜康。
青青子衿，悠悠我心。
但为君故，沉吟至今。
呦呦鹿鸣，食野之苹。
我有嘉宾，鼓瑟吹笙。
明明如月，何时可掇①？
忧从中来，不可断绝。
越陌度阡，枉用相存。
契阔谈讌②，心念旧恩。
月明星稀，乌鹊南飞。
绕树三匝，何枝可依？
山不厌高，海不厌深。
周公吐哺，天下归心。

---

① 掇（duō）：拾取，摘取。
② 契阔谈讌（yàn）：久别重逢，欢饮畅谈。讌同“宴”。

白马篇

三国 · 曹植

白马饰金羁，连翩西北驰。
借问谁家子，幽并游侠儿。
少小去乡邑，扬声沙漠垂。
宿昔秉良弓，楛矢[1]何参差。
控弦破左的，右发摧月支。
仰手接飞猱，俯身散马蹄。
狡捷过猴猿，勇剽若豹螭[2]。
边城多警急，虏骑数迁移。
羽檄从北来，厉马登高堤。
长驱蹈匈奴，左顾凌鲜卑。
弃身锋刃端，性命安可怀？
父母且不顾，何言子与妻！
名编壮士籍，不得中顾私。
捐躯赴国难，视死忽如归！

---

① 楛（hù）矢（shǐ）：用楛木做成的箭。
② 勇剽（piāo）：勇敢剽悍。螭（chī）：传说中形状如龙的黄色猛兽。

仿馬文璧

归园田居（其一）

晋 · 陶渊明

少无适俗韵，性本爱丘山。
误落尘网中，一去三十年。
羁鸟恋旧林，池鱼思故渊。
开荒南野际，守拙归园田。
方宅十余亩，草屋八九间。
榆柳荫后檐，桃李罗堂前。
暧暧远人村，依依墟里烟。
狗吠深巷中，鸡鸣桑树颠。
户庭无尘杂，虚室有余闲。
久在樊笼里，复得返自然。

拟行路难（其四）

南北朝·鲍照

泻水置平地，各自东西南北流。
人生亦有命，安能行叹复坐愁？
酌酒以自宽，举杯断绝歌路难。
心非木石岂无感？吞声踯躅不敢言。

入若耶溪

南北朝·王籍

艅艎①何泛泛，空水共悠悠。
阴霞生远岫，阳景②逐回流。
蝉噪林逾静，鸟鸣山更幽。
此地动归念，长年悲倦游。

---

① 艅（yú）艎（huáng）：古时一种木船。
② 阳景（yǐng）：指太阳在水中的影子；“景”是“影”的本字。

春江花月夜

唐 · 张若虚

春江潮水连海平，海上明月共潮生。
滟滟随波千万里，何处春江无月明。
江流宛转绕芳甸，月照花林皆似霰[①]。
空里流霜不觉飞，汀上白沙看不见。
江天一色无纤尘，皎皎空中孤月轮。
江畔何人初见月？江月何年初照人？
人生代代无穷已，江月年年望相似。
不知江月待何人，但见长江送流水。
白云一片去悠悠，青枫浦上不胜愁。
谁家今夜扁舟子？何处相思明月楼？
可怜楼上月裴回[②]，应照离人妆镜台。
玉户帘中卷不去，捣衣砧上拂还来。
此时相望不相闻，愿逐月华流照君。

---

① 霰（xiàn）：小冰粒，此处形容月光下晶莹洁白的花朵。
② 裴回：同“徘徊”。

鸿雁长飞光不度，鱼龙潜跃水成文。
昨夜闲潭梦落花，可怜春半不还家。
江水流春去欲尽，江潭落月复西斜。
斜月沉沉藏海雾，碣石潇湘无限路。
不知乘月几人归，落月摇情满江树。

嘉慶鑑賞

嘉慶御覽之寶

梦游天姥吟留别

唐 · 李白

海客谈瀛洲，烟涛微茫信难求；
越人语天姥，云霞明灭或可睹。
天姥连天向天横，势拔五岳掩赤城。
天台四万八千丈，对此欲倒东南倾。
我欲因之梦吴越，一夜飞度镜湖月。
湖月照我影，送我至剡溪①。
谢公宿处今尚在，渌②水荡漾清猿啼。
脚著谢公屐，身登青云梯。
半壁见海日，空中闻天鸡。
千岩万转路不定，迷花倚石忽已暝。
熊咆龙吟殷岩泉，栗深林兮惊层巅。
云青青兮欲雨，水澹澹③兮生烟。
列缺霹雳，丘峦崩摧。

① 剡（shàn）溪：水名。
② 渌（lù）：清澈。
③ 澹（dàn）澹：波浪起伏的样子。

洞天石扉，訇然[1]中开。

青冥浩荡不见底，日月照耀金银台。

霓为衣兮风为马，云之君兮纷纷而来下。

虎鼓瑟兮鸾回车，仙之人兮列如麻。

忽魂悸以魄动，恍惊起而长嗟。

惟觉[2]时之枕席，失向来之烟霞。

世间行乐亦如此，古来万事东流水。

别君去兮何时还？且放白鹿青崖间。

须行即骑访名山。

安能摧眉折腰事权贵，使我不得开心颜？

① 訇（hōng）然：形容声音很大。

② 觉（jué）：醒。

宣州谢脁楼饯别校书叔云

唐 · 李白

弃我去者，昨日之日不可留；
乱我心者，今日之日多烦忧。
长风万里送秋雁，对此可以酣高楼。
蓬莱文章建安骨，中间小谢又清发。
俱怀逸兴壮思飞，欲上青天览明月。
抽刀断水水更流，举杯销愁愁更愁。
人生在世不称意，明朝散发弄扁舟。

蜀道难

唐 · 李白

噫吁嚱，危乎高哉！
蜀道之难，难于上青天！
蚕丛及鱼凫，开国何茫然！
尔来四万八千岁，不与秦塞通人烟。
西当太白有鸟道，可以横绝峨眉巅。
地崩山摧壮士死，然后天梯石栈相钩连。
上有六龙回日之高标，下有冲波逆折之回川。
黄鹤之飞尚不得过，猿猱[①]欲度愁攀援。
青泥何盘盘，百步九折萦岩峦。
扪参历井仰胁息，以手抚膺坐长叹。
问君西游何时还？畏途巉岩[②]不可攀。
但见悲鸟号古木，雄飞雌从绕林间。
又闻子规啼夜月，愁空山。

① 猿猱（náo）：蜀山中最善攀援的猴类。
② 巉（chán）岩：险峻陡峭的山壁。

蜀道之难，难于上青天，使人听此凋朱颜！
连峰去天不盈尺，枯松倒挂倚绝壁。
飞湍瀑流争喧豗，砯崖转石万壑雷。①
其险也如此，嗟尔远道之人胡为乎来哉！
剑阁峥嵘而崔嵬，一夫当关，万夫莫开。
所守或匪亲，化为狼与豺。
朝避猛虎，夕避长蛇，磨牙吮血，杀人如麻。
锦城虽云乐，不如早还家。
蜀道之难，难于上青天，侧身西望长咨嗟！

---

① 喧豗（huī）：喧闹声，这里指急流和瀑布发出的巨大响声。砯（pīng）崖：水撞石之声。

将进酒

唐 · 李白

君不见黄河之水天上来，
奔流到海不复回。
君不见高堂明镜悲白发，
朝如青丝暮成雪。
人生得意须尽欢，莫使金樽空对月。
天生我材必有用，千金散尽还复来。
烹羊宰牛且为乐，会须一饮三百杯。
岑夫子，丹丘生，将进酒，杯莫停。
与君歌一曲，请君为我倾耳听。
钟鼓馔玉不足贵，但愿长醉不愿醒。
古来圣贤皆寂寞，惟有饮者留其名。
陈王昔时宴平乐，斗酒十千恣欢谑。
主人何为言少钱，径须沽取对君酌。
五花马、千金裘，
呼儿将出换美酒，与尔同销万古愁。

吳淞觀海

长干行（其一）

唐 · 李白

妾发初覆额，折花门前剧。
郎骑竹马来，绕床弄青梅。
同居长干里，两小无嫌猜。
十四为君妇，羞颜未尝开。
低头向暗壁，千唤不一回。
十五始展眉，愿同尘与灰。
常存抱柱信，岂上望夫台。
十六君远行，瞿塘滟滪堆①。
五月不可触，猿鸣天上哀。
门前迟行迹，一一生绿苔。
苔深不能扫，落叶秋风早。
八月蝴蝶来，双飞西园草。
感此伤妾心，坐愁红颜老。
早晚下三巴，预将书报家。
相迎不道远，直至长风沙。

---

① 滟（yàn）滪（yù）堆：三峡之一瞿塘峡峡口的一块大礁石，农历五月涨水没礁，船只易触礁翻沉。

月下独酌（其一）

唐 · 李白

花间一壶酒，独酌无相亲。
举杯邀明月，对影成三人。
月既不解饮，影徒随我身。
暂伴月将影，行乐须及春。
我歌月徘徊，我舞影零乱。
醒时相交欢，醉后各分散。
永结无情游，相期邈云汉。

燕歌行（并序）

唐 · 高适

开元二十六年，客有从元戎出塞而还者，作《燕歌行》以示，适感征戍之事，因而和焉。

汉家烟尘在东北，汉将辞家破残贼。
男儿本自重横行，天子非常赐颜色。
摐金伐鼓下榆关，旌旆逶迤碣石间。①
校尉羽书飞瀚海，单于猎火照狼山。
山川萧条极边土，胡骑凭陵杂风雨。
战士军前半死生，美人帐下犹歌舞！
大漠穷秋塞草腓②，孤城落日斗兵稀。
身当恩遇常轻敌，力尽关山未解围。
铁衣远戍辛勤久，玉箸应啼别离后。
少妇城南欲断肠，征人蓟北空回首。
边庭飘飖那可度，绝域苍茫无所有。
杀气三时作阵云，寒声一夜传刁斗。
相看白刃血纷纷，死节从来岂顾勋！
君不见沙场征战苦，至今犹忆李将军！

① 摐（chuāng）：撞击。旌（jīng）旆（pèi）：旌是竿头饰羽的旗，旆是末端状如燕尾的旗，这里都是泛指各种旗帜。

② 腓（féi）：枯萎。

兵车行

唐 · 杜甫

车辚辚，马萧萧，行人弓箭各在腰。
耶娘妻子走相送，尘埃不见咸阳桥。
牵衣顿足拦道哭，哭声直上干云霄。
道旁过者问行人，行人但云点行频①。
或从十五北防河，便至四十西营田。
去时里正与裹头，归来头白还戍边。
边庭流血成海水，武皇开边意未已。
君不闻，汉家山东二百州，千村万落生荆杞。
纵有健妇把锄犁，禾生陇亩无东西。
况复秦兵耐苦战，被驱不异犬与鸡。
长者虽有问，役夫敢申恨？且如今年冬，未休关西卒。
县官急索租，租税从何出？信知生男恶，反是生女好。
生女犹得嫁比邻，生男埋没随百草。
君不见，青海头，古来白骨无人收。
新鬼烦冤旧鬼哭，天阴雨湿声啾啾！

① 点行（xíng）频：频繁地点名征调壮丁。

客至

唐 · 杜甫

舍南舍北皆春水，但见群鸥日日来。
花径不曾缘客扫，蓬门今始为君开。
盘飧市远无兼味，樽酒家贫只旧醅。①
肯与邻翁相对饮，隔篱呼取尽余杯。

登高

唐 · 杜甫

风急天高猿啸哀，渚清沙白鸟飞回。
无边落木萧萧下，不尽长江滚滚来。
万里悲秋常作客，百年多病独登台。
艰难苦恨繁霜鬓，潦倒新停浊酒杯。

① 盘飧（sūn）：盘中菜肴。旧醅：隔年的陈酒。

登岳阳楼

唐 · 杜甫

昔闻洞庭水，今上岳阳楼。
吴楚东南坼①，乾坤日夜浮。
亲朋无一字，老病有孤舟。
戎马关山北，凭轩涕泗流。

旅夜书怀

唐 · 杜甫

细草微风岸，危樯独夜舟。
星垂平野阔，月涌大江流。
名岂文章著，官应老病休。
飘飘何所似，天地一沙鸥。

---

① 坼（chè）：分裂。

蜀相

唐 · 杜甫

丞相祠堂何处寻？
锦官城外柏森森。
映阶碧草自春色，
隔叶黄鹂空好音。
三顾频烦天下计，
两朝开济老臣心。
出师未捷身先死，
长使英雄泪满襟。

石壕吏

唐 · 杜甫

暮投石壕村，有吏夜捉人。
老翁逾墙走，老妇出门看。
吏呼一何怒！妇啼一何苦！
听妇前致词：三男邺城戍。
一男附书至，二男新战死。
存者且偷生，死者长已矣！
室中更无人，惟有乳下孙。
有孙母未去，出入无完裙。
老妪力虽衰，请从吏夜归。
急应河阳役，犹得备晨炊。
夜久语声绝，如闻泣幽咽。
天明登前途，独与老翁别。

琵琶行（并序）

唐·白居易

元和十年，予左迁九江郡司马。明年秋，送客湓浦口，闻舟中夜弹琵琶者，听其音，铮铮然有京都声。问其人，本长安倡女，尝学琵琶于穆、曹二善才，年长色衰，委身为贾人妇。遂命酒，使快弹数曲。曲罢悯然，自叙少小时欢乐事，今漂沦憔悴，转徙于江湖间。予出官二年，恬然自安，感斯人言，是夕始觉有迁谪意。因为长句，歌以赠之，凡六百一十六言，命曰《琵琶行》。

浔阳江头夜送客，枫叶荻花秋瑟瑟。
主人下马客在船，举酒欲饮无管弦。
醉不成欢惨将别，别时茫茫江浸月。
忽闻水上琵琶声，主人忘归客不发。
寻声暗问弹者谁，琵琶声停欲语迟。
移船相近邀相见，添酒回灯重开宴。
千呼万唤始出来，犹抱琵琶半遮面。
转轴拨弦三两声，未成曲调先有情。
弦弦掩抑声声思，似诉平生不得志。
低眉信手续续弹，说尽心中无限事。
轻拢慢捻抹复挑，初为《霓裳》后《六幺》。

大弦嘈嘈如急雨，小弦切切如私语。
嘈嘈切切错杂弹，大珠小珠落玉盘。
间关莺语花底滑，幽咽泉流冰下难。
冰泉冷涩弦凝绝，凝绝不通声暂歇。
别有幽愁暗恨生，此时无声胜有声。
银瓶乍破水浆迸，铁骑突出刀枪鸣。
曲终收拨当心画，四弦一声如裂帛。
东船西舫悄无言，唯见江心秋月白。
沉吟放拨插弦中，整顿衣裳起敛容。
自言本是京城女，家在虾蟆陵①下住。
十三学得琵琶成，名属教坊第一部。
曲罢曾教善才服，妆成每被秋娘妒。
五陵年少争缠头，一曲红绡不知数。
钿头银篦击节碎，血色罗裙翻酒污。
今年欢笑复明年，秋月春风等闲度。
弟走从军阿姨死，暮去朝来颜色故。
门前冷落鞍马稀，老大嫁作商人妇。

① 虾（há）蟆陵：“虾”通“蛤”。地名，在长安城东南。

商人重利轻别离，前月浮梁买茶去。
去来江口守空船，绕船月明江水寒。
夜深忽梦少年事，梦啼妆泪红阑干。
我闻琵琶已叹息，又闻此语重唧唧。
同是天涯沦落人，相逢何必曾相识！
我从去年辞帝京，谪居卧病浔阳城。
浔阳地僻无音乐，终岁不闻丝竹声。
住近湓江地低湿，黄芦苦竹绕宅生。
其间旦暮闻何物？杜鹃啼血猿哀鸣。
春江花朝秋月夜，往往取酒还独倾。
岂无山歌与村笛，呕哑嘲哳[1]难为听。
今夜闻君琵琶语，如听仙乐耳暂明。
莫辞更坐弹一曲，为君翻作《琵琶行》。
感我此言良久立，却坐促弦弦转急。
凄凄不似向前声，满座重闻皆掩泣。
座中泣下谁最多？江州司马青衫湿。

---

① 呕（ōu）哑（yā）嘲（zhāo）哳（zhā）：形容声音嘈杂刺耳。

长恨歌

唐·白居易

汉皇重色思倾国，御宇多年求不得。
杨家有女初长成，养在深闺人未识。
天生丽质难自弃，一朝选在君王侧。
回眸一笑百媚生，六宫粉黛无颜色。
春寒赐浴华清池，温泉水滑洗凝脂。
侍儿扶起娇无力，始是新承恩泽时。
云鬓花颜金步摇，芙蓉帐暖度春宵。
春宵苦短日高起，从此君王不早朝。
承欢侍宴无闲暇，春从春游夜专夜。
后宫佳丽三千人，三千宠爱在一身。
金屋妆成娇侍夜，玉楼宴罢醉和春。
姊妹弟兄皆列土，可怜光彩生门户。
遂令天下父母心，不重生男重生女。
骊宫高处入青云，仙乐风飘处处闻。
缓歌慢舞凝丝竹，尽日君王看不足。
渔阳鼙鼓[①]动地来，惊破《霓裳羽衣曲》。

---

① 鼙（pí）鼓：古代骑兵用的小鼓，此处借指战争。

九重城阙烟尘生，千乘万骑西南行。
翠华摇摇行复止，西出都门百余里。
六军不发无奈何，宛转娥眉马前死。
花钿委地无人收，翠翘金雀玉搔头。
君王掩面救不得，回看血泪相和流。
黄埃散漫风萧索，云栈萦纡登剑阁。
峨嵋山下少人行，旌旗无光日色薄。
蜀江水碧蜀山青，圣主朝朝暮暮情。
行宫见月伤心色，夜雨闻铃肠断声。
天旋日转回龙驭，到此踌躇不能去。
马嵬坡下泥土中，不见玉颜空死处。
君臣相顾尽沾衣，东望都门信马归。
归来池苑皆依旧，太液芙蓉未央柳。
芙蓉如面柳如眉，对此如何不泪垂？
春风桃李花开夜，秋雨梧桐叶落时。
西宫南内多秋草，落叶满阶红不扫。

梨园弟子白发新，椒房阿监青娥老。
夕殿萤飞思悄然，孤灯挑尽未成眠。
迟迟钟鼓初长夜，耿耿星河欲曙天。
鸳鸯瓦冷霜华重，翡翠衾寒谁与共？
悠悠生死别经年，魂魄不曾来入梦。
临邛[1]道士鸿都客，能以精诚致魂魄。
为感君王辗转思，遂教方士殷勤觅。
排空驭气奔如电，升天入地求之遍。
上穷碧落下黄泉，两处茫茫皆不见。
忽闻海上有仙山，山在虚无缥缈间。
楼阁玲珑五云起，其中绰约多仙子。
中有一人字太真，雪肤花貌参差是。
金阙西厢叩玉扃[2]，转教小玉报双成。
闻道汉家天子使，九华帐里梦魂惊。
揽衣推枕起徘徊，珠箔银屏迤逦开。
云鬓半偏新睡觉，花冠不整下堂来。
风吹仙袂飘飖举，犹似霓裳羽衣舞。

① 临邛（qióng）：今四川邛崃县。
② 玉扃（jiōng）：玉门。

玉容寂寞泪阑干，梨花一枝春带雨。
含情凝睇谢君王，一别音容两渺茫。
昭阳殿里恩爱绝，蓬莱宫中日月长。
回头下望人寰处，不见长安见尘雾。
惟将旧物表深情，钿合金钗寄将去。
钗留一股合一扇，钗擘[①]黄金合分钿。
但令心似金钿坚，天上人间会相见。
临别殷勤重寄词，词中有誓两心知。
七月七日长生殿，夜半无人私语时。
在天愿作比翼鸟，在地愿为连理枝。
天长地久有时尽，此恨绵绵无绝期。

① 擘（bò）：分开。

李凭箜篌引

唐 · 李贺

吴丝蜀桐张高秋，空山凝云颓不流。
江娥啼竹素女愁，李凭中国弹箜篌。
昆山玉碎凤凰叫，芙蓉泣露香兰笑。
十二门前融冷光，二十三丝动紫皇。
女娲炼石补天处，石破天惊逗秋雨。
梦入神山教神妪，老鱼跳波瘦蛟舞。
吴质不眠倚桂树，露脚斜飞湿寒兔。

菩萨蛮

唐 · 温庭筠

小山重叠金明灭，鬓云欲度香腮雪。
懒起画蛾眉，弄妆梳洗迟。
照花前后镜，花面交相映。
新帖绣罗襦，双双金鹧鸪。

锦瑟

唐 · 李商隐

锦瑟无端五十弦，一弦一柱思华年。
庄生晓梦迷蝴蝶，望帝春心托杜鹃。
沧海月明珠有泪，蓝田日暖玉生烟。
此情可待成追忆，只是当时已惘然。

虞美人

五代 · 李煜

春花秋月何时了，往事知多少。
小楼昨夜又东风，故国不堪回首月明中。
雕栏玉砌应犹在，只是朱颜改。
问君能有几多愁，恰似一江春水向东流。

望海潮

宋 · 柳永

东南形胜，三吴都会，钱塘自古繁华。
烟柳画桥，风帘翠幕，参差十万人家。
云树绕堤沙，怒涛卷霜雪，天堑无涯。
市列珠玑，户盈罗绮，竞豪奢。
重湖叠巘清嘉，有三秋桂子，十里荷花。
羌管弄晴，菱歌泛夜，嬉嬉钓叟莲娃。
千骑拥高牙，乘醉听箫鼓，吟赏烟霞。
异日图将好景，归去凤池夸。

雨霖铃

宋 · 柳永

寒蝉凄切，对长亭晚，骤雨初歇。
都门帐饮无绪，留恋处，兰舟催发。
执手相看泪眼，竟无语凝噎。
念去去，千里烟波，暮霭沉沉楚天阔。
多情自古伤离别，更那堪，冷落清秋节！
今宵酒醒何处？杨柳岸，晓风残月。
此去经年，应是良辰好景虚设。
便纵有千种风情，更与何人说？

桂枝香·金陵怀古

宋·王安石

登临送目，正故国晚秋，天气初肃。
千里澄江似练，翠峰如簇。
归帆去棹残阳里，背西风，酒旗斜矗。
彩舟云淡，星河鹭起，画图难足。
念往昔，繁华竞逐，叹门外楼头，悲恨相续。
千古凭高对此，谩嗟荣辱[1]。
六朝旧事随流水，但寒烟衰草凝绿。
至今商女，时时犹唱，《后庭》遗曲。

① 谩（màn）嗟（jiē）荣辱：空叹兴亡的荣耀耻辱。

江城子·乙卯正月二十日夜记梦

宋 · 苏轼

十年生死两茫茫。
不思量，自难忘。
千里孤坟，无处话凄凉。
纵使相逢应不识，尘满面，鬓如霜。
夜来幽梦忽还乡。
小轩窗，正梳妆。
相顾无言，惟有泪千行。
料得年年肠断处，明月夜，短松冈。

念奴娇·赤壁怀古

宋·苏轼

大江东去，浪淘尽，千古风流人物。
故垒西边，人道是，三国周郎赤壁。
乱石穿空，惊涛拍岸，卷起千堆雪。
江山如画，一时多少豪杰。
遥想公瑾当年，小乔初嫁了，雄姿英发。
羽扇纶巾，谈笑间，樯橹灰飞烟灭。
故国神游，多情应笑我，早生华发。
人生如梦，一尊[1]还酹江月。

---

① 尊：同“樽”，一种盛酒器。这里指酒杯。

定风波

宋 · 苏轼

三月七日，沙湖道中遇雨。雨具先去，同行皆狼狈，余独不觉。已而遂晴，故作此词。

莫听穿林打叶声，何妨吟啸且徐行。
竹杖芒鞋轻胜马，谁怕？一蓑烟雨任平生。
料峭春风吹酒醒，微冷，山头斜照却相迎。
回首向来萧瑟处，归去，也无风雨也无晴。

登快阁

宋 · 黄庭坚

痴儿了却公家事，快阁东西倚晚晴。
落木千山天远大，澄江一道月分明。
朱弦已为佳人绝，青眼聊因美酒横。
万里归船弄长笛，此心吾与白鸥盟。

鹊桥仙

宋 · 秦观

纤云弄巧，飞星传恨，银汉迢迢暗度。
金风玉露一相逢，便胜却人间无数。
柔情似水，佳期如梦，忍顾鹊桥归路！
两情若是久长时，又岂在朝朝暮暮。

苏幕遮

宋 · 周邦彦

燎沉香，消溽暑。
鸟雀呼晴，侵晓窥檐语。
叶上初阳干宿雨，水面清圆，一一风荷举。
故乡遥，何日去？
家住吴门，久作长安旅。
五月渔郎相忆否？小楫轻舟，梦入芙蓉浦。

声声慢

宋 · 李清照

寻寻觅觅，冷冷清清，凄凄惨惨戚戚。
乍暖还寒时候，最难将息。
三杯两盏淡酒，怎敌他、晚来风急！
雁过也，正伤心，却是旧时相识。
满地黄花堆积，憔悴损，如今有谁堪摘？
守着窗儿，独自怎生得黑！
梧桐更兼细雨，到黄昏、点点滴滴。
这次第，怎一个愁字了得！

醉花阴

宋 · 李清照

薄雾浓云愁永昼，瑞脑销金兽。
佳节又重阳，玉枕纱厨，半夜凉初透。
东篱把酒黄昏后，有暗香盈袖。
莫道不销魂，帘卷西风，人比黄花瘦。

临安春雨初霁

宋 · 陆游

世味年来薄似纱，谁令骑马客京华。
小楼一夜听春雨，深巷明朝卖杏花。
矮纸斜行闲作草，晴窗细乳戏分茶。
素衣莫起风尘叹，犹及清明可到家。

书愤（其一）

宋 · 陆游

早岁那知世事艰，中原北望气如山。
楼船夜雪瓜洲渡，铁马秋风大散关。
塞上长城空自许，镜中衰鬓已先斑。
出师一表真名世，千载谁堪伯仲间！

十一月四日风雨大作（其二）

宋 · 陆游

僵卧孤村不自哀，尚思为国戍轮台。
夜阑卧听风吹雨，铁马冰河入梦来。

钗头凤

宋 · 陆游

红酥手，黄縢酒，满城春色宫墙柳。
东风恶，欢情薄。一怀愁绪，几年离索。
错、错、错。
春如旧，人空瘦，泪痕红浥鲛绡透。
桃花落，闲池阁。山盟虽在，锦书难托。
莫、莫、莫！

念奴娇·过洞庭

宋·张孝祥

洞庭青草，近中秋、更无一点风色。
玉鉴琼田三万顷，着我扁舟一叶。
素月分辉，明河共影，表里俱澄澈。
悠然心会，妙处难与君说。
应念岭海经年，孤光自照，肝胆皆冰雪。
短发萧骚襟袖冷，稳泛沧浪空阔。
尽挹[1] 西江，细斟北斗，万象为宾客。
扣舷独啸，不知今夕何夕！

---

① 挹（yì）：舀（水）。

青玉案·元夕

宋·辛弃疾

东风夜放花千树。
更吹落，星如雨。
宝马雕车香满路。
凤箫声动，玉壶光转，一夜鱼龙舞。
蛾儿雪柳黄金缕。
笑语盈盈暗香去。
众里寻他千百度，
蓦然回首，那人却在，灯火阑珊处。

永遇乐·京口北固亭怀古

宋·辛弃疾

千古江山，英雄无觅，孙仲谋处。
舞榭歌台，风流总被，雨打风吹去。
斜阳草树，寻常巷陌，人道寄奴曾住。
想当年，金戈铁马，气吞万里如虎。
元嘉草草，封狼居胥，赢得仓皇北顾。
四十三年，望中犹记，烽火扬州路。
可堪回首，佛狸[1]祠下，一片神鸦社鼓。
凭谁问：廉颇老矣，尚能饭否？

---

① 佛（bì）狸（lí）：北魏太武帝拓跋焘的小名。

水龙吟·登建康赏心亭

宋·辛弃疾

楚天千里清秋，水随天去秋无际。
遥岑远目，献愁供恨，玉簪螺髻。
落日楼头，断鸿声里，江南游子。
把吴钩看了，栏杆拍遍，无人会，登临意。
休说鲈鱼堪脍，尽西风，季鹰归未？
求田问舍，怕应羞见，刘郎才气。
可惜流年，忧愁风雨，树犹如此！
倩何人唤取，红巾翠袖，揾[1]英雄泪！

---

① 揾（wèn）：擦拭。

菩萨蛮·书江西造口壁

宋·辛弃疾

郁孤台下清江水，中间多少行人泪？
西北望长安，可怜无数山。
青山遮不住，毕竟东流去。
江晚正愁余，山深闻鹧鸪。

扬州慢

宋 · 姜夔

淳熙丙申至日，予过维扬。夜雪初霁，荠麦弥望。入其城，则四顾萧条，寒水自碧，暮色渐起，戍角悲吟。予怀怆然，感慨今昔，因自度此曲。千岩老人以为有《黍离》之悲也。

淮左名都，竹西佳处，解鞍少驻初程。
过春风十里，尽荠麦青青。
自胡马窥江去后，废池乔木，犹厌言兵。
渐黄昏，清角吹寒，都在空城。
杜郎俊赏，算而今重到须惊。
纵豆蔻词工，青楼梦好，难赋深情。
二十四桥仍在，波心荡，冷月无声。
念桥边红药，年年知为谁生？

贺新郎

宋 · 刘克庄

实之三和有忧边之语，走笔答之。

国脉微如缕。
问长缨何时入手，缚将戎主？
未必人间无好汉，谁与宽些尺度？
试看取当年韩五。
岂有谷城公付授，也不干曾遇骊山母。
谈笑起，两河路。
少时棋柝曾联句。
叹而今登楼揽镜，事机频误。
闻说北风吹面急，边上冲梯屡舞。
君莫道投鞭虚语，自古一贤能制难，
有金汤便可无张许？
快投笔，莫题柱。

窦娥冤·滚绣球

元·关汉卿

有日月朝暮悬，有鬼神掌着生死权。
天地也！只合把清浊分辨，
可怎生糊突了盗跖、颜渊？
为善的受贫穷更命短，造恶的享富贵又寿延。
天地也！做得个怕硬欺软，
却原来也这般顺水推船！
地也，你不分好歹何为地！
天也，你错勘贤愚枉做天！
哎，只落得两泪涟涟。

西厢记·正宫·端正好

元·王实甫

碧云天，黄花地，西风紧，北雁南飞。
晓来谁染霜林醉？总是离人泪。

朝天子·咏喇叭

明·王磐

喇叭，唢呐，曲儿小腔儿大。
官船来往乱如麻，全仗你抬声价。
军听了军愁，民听了民怕。
哪里去辨甚么真共假？
眼见的吹翻了这家，吹伤了那家，
只吹的水尽鹅飞罢！

浣溪沙

清 · 纳兰性德

谁念西风独自凉，
萧萧黄叶闭疏窗，沉思往事立残阳。
被酒莫惊春睡重，
赌书消得泼茶香，当时只道是寻常。

木兰花 · 拟古决绝词柬友

清 · 纳兰性德

人生若只如初见，何事秋风悲画扇。
等闲变却故人心，却道故人心易变。
骊山语罢清宵半，泪雨霖铃终不怨。
何如薄幸锦衣郎，比翼连枝当日愿。

《论语》十二章

1. 子曰："君子食无求饱，居无求安，敏于事而慎于言，就有道而正焉，可谓好学也已。"（《学而》）

2. 子曰："人而不仁，如礼何？人而不仁，如乐何？"（《八佾[①]》）

3. 子曰："朝闻道，夕死可矣。"（《里仁》）

4. 子曰："君子喻于义，小人喻于利。"（《里仁》）

5. 子曰："见贤思齐焉，见不贤而内自省也。"（《里仁》）

6. 子曰："质胜文则野，文胜质则史。文质彬彬，然后君子。"（《雍也》）

7. 曾子曰："士不可以不弘毅，任重而道远。仁以为己任，不亦重乎？死而后已，不亦远乎？"（《泰伯》）

8. 子曰："譬如为山，未成一篑，止，吾止也。譬如平地，虽覆一篑，进，吾往也。"（《子罕》）

9. 子曰："知者不惑，仁者不忧，勇者不惧。"（《子罕》）

---

① 佾（yì）：古代乐舞的行列。

10. 颜渊问仁。子曰："克己复礼为仁。一日克己复礼，天下归仁焉。为仁由己，而由人乎哉？"颜渊曰："请问其目。"子曰："非礼勿视，非礼勿听，非礼勿言，非礼勿动。"颜渊曰："回虽不敏，请事斯语矣。"（《颜渊》）

11. 子贡问曰："有一言而可以终身行之者乎？"子曰："其'恕'乎！己所不欲，勿施于人。"（《卫灵公》）

12. 子曰："小子何莫学夫《诗》？《诗》可以兴，可以观，可以群，可以怨。迩之事父，远之事君。多识于鸟兽草木之名。"（《阳货》）

译文

1. 孔子说："君子饮食不追求饱足；居住不追求安适；做事勤勉，说话谨慎；接近有道德的人去匡正自己，就可以称得上是好学了。"

2. 孔子说："一个人如果没有仁爱之心，对待礼节能怎么样呢？一个人如果没有仁爱之心，对待音乐又能怎么样呢？"

3. 孔子说："早晨能够得知真理，即使当晚死去也可以。"

4. 孔子说："君子懂得的是大义，小人懂得的是小利。"

5. 孔子说："看见德才兼备的人，就应该希望能向他看齐；看见不贤的人，就应该反省自己有没有和他一样的毛病。"

6. 孔子说："质朴胜过了文采就会粗野鄙俗，文采胜过了质朴就会虚饰浮夸。质朴和文采兼备，比例适当，才可以成为君子。"

7. 曾子说："士不可以不志向远大、意志坚定，因为他们肩负的责任重大，而且路途遥远。把实行仁道作为自己的责任，不是很重大吗？一直到死才能结束，不是很遥远吗？"

8. 孔子说："譬如积土堆山，只差一筐土没有成功，这时停下来，是我自己停下来的；譬如填平洼地，虽然才倒了一筐，但是继续倒下去，那是我自己在努力前进。”

9. 孔子说：“聪明的人不会迷惑，仁德的人不会忧愁，勇敢的人不会畏惧。”

10. 颜渊问什么是仁。孔子说：“努力约束自己，使自己的言行符合先王之礼，这就是仁。一旦能够真正做到这一点，天下人就会称赞你是有仁爱之心的人了。实践仁德在于自己，怎么会在于别人呢？”颜渊说：“请问实行仁的途径是什么。”孔子说：“违反礼的事不看、不听、不说、不做。”颜渊说：“我虽然愚笨，但也愿照此去做。”

11. 子贡问孔子说：“有没有一个字可以去终身奉行吗？”孔子回答说：“那大概就是‘恕’吧！自己不愿意的事情，就不要强加给别人。”

12. 孔子说：“学生们为什么没有人学习《诗》呢？学习《诗》，可以激发我们的情感，可以观察政治的得失、风俗的盛衰，可以提高与人交往的能力，可以讽刺时政。近可以用其中的道理侍奉父母，远可以用于侍奉君主，还可以多认识一些鸟兽草木的名称。”

劝学（节选）

《荀子》

君子曰：学不可以已。

青，取之于蓝，而青于蓝；冰，水为之，而寒于水。木直中绳，輮[①] 以为轮，其曲中规。虽有槁暴，不复挺者，輮使之然也。故木受绳则直，金就砺则利，君子博学而日参省乎己，则知明而行无过矣。

吾尝终日而思矣，不如须臾之所学也；吾尝跂[②] 而望矣，不如登高之博见也。登高而招，臂非加长也，而见者远；顺风而呼，声非加疾也，而闻者彰。假舆马者，非利足也，而致千里；假舟楫者，非能水也，而绝江河。君子生[③] 非异也，善假于物也。

积土成山，风雨兴焉；积水成渊，蛟龙生焉；积善成德，而神明自得，圣心备焉。故不积跬步[④]，无以至千里；不积小流，

① 輮：通“煣”，用火烤木材使弯曲。

② 跂（qǐ）：踮起脚后跟。

③ 生：通“性”，天资。

④ 跬（kuǐ）步：行走时两脚之间的距离。跬，半步，古代称跨出一脚为“跬”，跨两脚为“步”。

无以成江海。骐骥[1]一跃，不能十步；驽马十驾，功在不舍。锲而舍之，朽木不折；锲而不舍，金石可镂。蚓无爪牙之利，筋骨之强，上食埃土，下饮黄泉，用心一也。蟹六跪而二螯[2]，非蛇鳝之穴无可寄托者，用心躁也。

---

① 骐（qí）骥（jì）：骏马，千里马。

② 螯（áo）：螃蟹的大钳子。

译文

君子说：学习不可以停止。

靛青从蓝草中提取，但是比蓝草颜色深；冰由水凝固而成，但比水温度低。木材直得合乎木匠取直的绳墨，如果将它烘烤、弯曲做成车轮，它的弯度就合乎圆规的曲度。即使又被晒干了，也不会再变直，这是因为烘烤使它弯曲成这样的啊。所以木材经过墨线比量再进行加工就能变直，金属在磨刀石上磨过就会锋利，君子广泛学习而且每天多次对自己进行检查、省察，就能见识明达且行为没有过错了。

我曾经整天思考，却不如学习片刻收获大；我曾经踮起脚后跟向远方眺望，却不如登上高处看得宽广。登到高处招手，手臂并没加长，但远方的人却能看得见；顺着风呼唤，声音没有变大，但远处的人却能听得清。利用车马远行的人，并不是善于行走，却能走到千里远的地方；利用船只渡河的人，并不是善于游泳，却能横渡江河。君子的天性与一般人没有什么差别，只是他们善于借助外物罢了。

堆积泥土成为高山，风雨就从这里兴起；汇积水流成为深渊，蛟龙就从这里生长；积累善行，培养良好品德，就会拥有非凡智慧，具备圣人的胸怀。所以，不积累一步半步，就不能到达千里之外；不汇集细小的水流，就不能形成大江大海。千里马跳跃一下，不能超过十步远；劣马跑上十天也能走得很远，它的成功在于不停地走。用刀刻东西，如果刻一会儿就停止，那么就是腐朽的木头也不能刻断；如果不停地刻下去，那么金石也能刻透。蚯蚓没有锋利的爪子和牙齿，没有强健的筋骨，但是它向上能吃到泥土，向下能喝到泉水，这是因为它用心专一。螃蟹有六条腿和两只大钳子，但如果没有蛇和鳝鱼的洞穴就没有地方藏身，这是因为它用心浮躁。

屈原列传（节选）

《史记》

屈原者，名平，楚之同姓也。为楚怀王左徒。博闻强志，明于治乱，娴于辞令。入则与王图议国事，以出号令；出则接遇宾客，应对诸侯。王甚任之。

上官大夫与之同列，争宠而心害其能。怀王使屈原造为宪令，屈平属草稿未定，上官大夫见而欲夺之，屈平不与。因谗之曰："王使屈平为令，众莫不知。每一令出，平伐其功，曰以为'非我莫能为'也。"王怒而疏屈平。

屈平疾王听之不聪也，谗谄之蔽明也，邪曲之害公也，方正之不容也，故忧愁幽思而作《离骚》。"离骚"者，犹离[①]忧也。夫天者，人之始也；父母者，人之本也。人穷则反[②]本，故劳苦倦极，未尝不呼天也；疾痛惨怛[③]，未尝不呼父母也。屈平正道直行，竭忠尽智以事其君，谗人间之，可谓穷矣。信而见疑，忠而被谤，能无怨乎？屈平之作《离骚》，盖自怨生

① 离：通"罹"，遭受。
② 反：通"返"，返回。
③ 惨怛（dá）：悲痛。

也。《国风》好色而不淫，《小雅》怨诽而不乱。若《离骚》者，可谓兼之矣。上称帝喾[①]，下道齐桓，中述汤、武，以刺世事。明道德之广崇，治乱之条贯，靡不毕见。其文约，其辞微，其志洁，其行廉。其称文小而其指极大，举类迩而见义远。其志洁，故其称物芳；其行廉，故死而不容。自疏濯淖污泥之中，蝉蜕于浊秽，以浮游尘埃之外，不获世之滋垢，皭然泥而不滓者也[②]。推此志也，虽与日月争光可也。

① 帝喾（kù）：古代传说中的帝王名。

② 皭（jiào）然：洁白的样子。泥（niè）：通“涅”，动词，沾污。滓（zǐ）：污染。

译文

屈原名平，与楚国的王族同姓。他曾经担任楚怀王的左徒。屈原见识广博，记忆力很强，通晓治国的道理，擅长外交应对辞令。对内，他与怀王谋划商议国事，发号施令；对外，他接待宾客，应酬诸侯。怀王非常信任他。

上官大夫和屈原在朝廷的地位相同，想争得怀王的宠幸，心里嫉妒屈原的才能。怀王让屈原制定国家的法令，屈原起草尚未定稿，上官大夫见了就想强行占为己有，屈原不同意。于是，上官大夫就在怀王面前进谗言，毁谤屈原说："大王您让屈原制定国家法令，举国上下没有不知道的，每一项法令宣布，屈原就夸耀自己的功劳，说：'除了我，没人能胜任此事。'"怀王听了十分生气，就疏远了屈原。

屈原痛心于怀王被小人之言蛊惑，不能明辨是非。说人坏话、阿谀奉承的小人颠倒黑白，蒙蔽了怀王。品行不正的小人损害国家利益，端方正直的君子则不为昏君佞臣所容。所以，屈原忧愁苦闷，郁结于心，创作了《离骚》。"离骚"，就是"遭遇忧患"的意思。天，是人的本源；父母，是人的根本。人处困境就会追本溯源，所以到了劳苦疲倦的时候，没有不呼天求救的；遇到病痛或忧伤悲痛的时候，没有不呼喊父母的。屈原坚守道义，正直行事，竭尽忠诚和智慧辅佐君主，进谗言的小人来离间他与怀王的关系，可以说深陷困境了。诚实却被怀疑，忠贞却被诽谤，能够不心生怨恨吗？屈原写《离骚》，大概是从怨恨引起的吧。《国风》虽然多写男女爱情，但不过分而失当。《小雅》虽然多讥讽指责，但并不宣扬作乱。像《离骚》，可以说是兼有二者的特点了。《离骚》往远处说提到了帝喾，往近处说谈到了齐桓公，中间述说了商汤和周武王的事情，用来讽刺当时的政事。屈原阐明了道德的广阔崇高和国家治乱兴亡的道理，无不分析得透彻明白。他的文笔简约，文辞含蓄隐晦；他的志趣高洁，行为端正。他用文字描写的对象是寻常的事物，但它的意旨却极为博大；他列举的事例浅显易懂，而表达的意思却十分深远。由于志趣高洁，所以他文章中描写的事物也是芬芳的；由于行为端正，所以他到死也不为奸邪势力所容。他自觉地远离污泥浊水，像蝉脱壳一样摆脱浊秽的东西，以浮游在尘世之外，不为尘世的污垢所辱，出淤泥而不染，保持自己高洁的品德。根据作品推断屈原的志向，即使和日月争辉也是可以的。

步輦

谏太宗十思疏

唐 · 魏征

臣闻求木之长者，必固其根本；欲流之远者，必浚其泉源；思国之安者，必积其德义。源不深而望流之远，根不固而求木之长，德不厚而思国之理，臣虽下愚，知其不可，而况于明哲乎！人君当神器之重，居域中之大，将崇极天之峻，永保无疆之休。不念居安思危，戒奢以俭，德不处其厚，情不胜其欲，斯亦伐根以求木茂，塞源而欲流长者也。

凡百元首，承天景命，莫不殷忧而道著，功成而德衰。有善始者实繁，能克终者盖寡。岂取之易而守之难乎？昔取之而有余，今守之而不足，何也？夫在殷忧，必竭诚以待下；既得志，则纵情以傲物。竭诚则吴越为一体，傲物则骨肉为行路。虽董[1] 之以严刑，振之以威怒，终苟免而不怀仁，貌恭而不心服。怨不在大，可畏惟人；载舟覆舟，所宜深慎；奔车朽索，其可忽乎！

君人者，诚能见可欲则思知足以自戒，将有作则思知止以

① 董：督察。

安人，念高危则思谦冲而自牧，惧满溢则思江海下百川，乐盘游则思三驱以为度，忧懈怠则思慎始而敬终，虑壅[1]蔽则思虚心以纳下，想谗邪则思正身以黜恶，恩所加则思无因喜以谬赏，罚所及则思无因怒而滥刑。总此十思，弘兹九德，简能而任之，择善而从之，则智者尽其谋，勇者竭其力，仁者播其惠，信者效其忠。文武争驰，在君无事，可以尽豫游之乐，可以养松、乔之寿，鸣琴垂拱，不言而化。何必劳神苦思，代下司职，役聪明之耳目，亏无为之大道哉！

① 壅（yōng）：堵塞。

译文

臣听说想要树木长得高大，一定要让树根扎得稳固；想要河水流得长远，一定要疏通它的源头；想要国家长治久安，一定要厚积德行和道义。水源不深却希望河水流得远，树根不稳却希冀树木长得高，道德不深厚却想使国家长治久安，臣虽然愚昧无知，也知道这是不可能的，更何况像陛下这样明智的人呢！国君掌握帝王至高无上的权力，处在天地间最重要的位置上，将推崇皇权的高峻，永保无穷的福禄。如果不在身处安逸的时候想到危难，戒除奢侈，推行节俭，德行不能保持深厚，不能控制自己的欲望，这就像砍断树根却希望树木茂盛，堵塞水源却希冀水流得长远一样啊！

历代所有的国君，承担了上天的重大使命，没有一人不是在创业初期处在深深的忧虑之中，因而德行显赫，但是功成名就之后却德行衰微。开头做得好的国君确实很多，能够坚持到底的大概很少。难道是夺取天下容易而守住天下就困难了吗？当初夺取天下时德行有余，现在守护天下却德行不足，这究竟是为什么呢？处在深重忧患之中时，国君一定能竭尽诚意对待臣民；实现了志愿以后，国君就会放纵自己，傲慢地对待一切人。竭尽诚意，吴和越也能结成一体；傲慢待人，就连骨肉亲属也会变成陌路之人。即使用严酷的刑罚监督臣民，用盛怒威吓臣民，他们最终只是苟且免于刑罚，却不感念国君的仁德，表面上恭敬顺服，心里却不服气。怨恨不在于大小，可怕的是臣民心怀怨恨；他们就像水一样能够负载船只，也能够颠覆船只，这是应该高度警惕的；用朽烂的绳索套奔驰的马车，怎么可以忽视呢？

身为国君的人，如果真能看到自己特别喜欢的东西，就想到应该知足来警惕自己；将要大动土木兴建什么，就想到应该适可而止，使百姓安宁；想到君位很高而且危险，就不忘谦虚，加强自身道德修养；害怕自己骄傲自满，就想到江海居于百川之下却能容纳百川；喜欢游乐打猎，就想到网开一面，捕猎有度；担心自己松懈懒惰，就想到做事要慎始敬终；害怕自己的耳朵和眼睛被堵塞、蒙蔽，就想到虚心接受臣下的意见；考虑到自己身边可能出现谗佞奸邪的人，就想到端正自身，斥退奸佞之人；施加恩惠，就想到不要因为一时兴起而奖赏不当；施加刑罚，就想到不要因为一时生气而滥用刑罚。全面做到这十件应该思考的事情，发扬光大《尚书》提倡的九种美德，选拔有才能的人加以重用，选择好的意见加以采纳，那些有智慧的人就会尽力献出自己的谋略，勇敢的人就会使出自己全部的力量，仁德的人就会广施自己的仁爱，诚信的人就会奉献自己的忠诚。文臣和武将都争着为国效力，对国君来说就不会有大事烦扰自己，可以尽情享受出游的快乐，可以颐养赤松子和王子乔那样的天年，弹着琴、垂衣拱手就能治理好天下，不用说什么，百姓就可以被教化。何必自己劳神苦思，代替百官履行他们的职责，役使自己灵敏的耳朵、明亮的眼睛，违背顺其自然就能治理好天下的规律呢？

右丞江山雪霽圖用筆運思所謂迥
出天機參乎造化非後人所能企及後
于京邸見江干雪意長卷其筆致亦
略相同余屏跡郊莊追憶其意點染此
圖惜老眼昏眊未能彷彿殊自愧耳
戊申秋日西廬老人王時敏畫并識

师说

唐 · 韩愈

古之学者必有师。师者，所以传道受业解惑也。人非生而知之者，孰能无惑？惑而不从师，其为惑也，终不解矣。生乎吾前，其闻道也固先乎吾，吾从而师之；生乎吾后，其闻道也亦先乎吾，吾从而师之。吾师道也，夫庸知其年之先后生于吾乎？是故无贵无贱，无长无少，道之所存，师之所存也。

嗟乎！师道之不传也久矣！欲人之无惑也难矣！古之圣人，其出人也远矣，犹且从师而问焉；今之众人，其下圣人也亦远矣，而耻学于师。是故圣益圣，愚益愚。圣人之所以为圣，愚人之所以为愚，其皆出于此乎？爱其子，择师而教之；于其身也，则耻师焉，惑矣。彼童子之师，授之书而习其句读[①]者，非吾所谓传其道解其惑者也。句读之不知，惑之不解，或师焉，或不[②]焉，小学而大遗，吾未见其明也。巫医乐师百工之人，不耻相师。士大夫之族，曰师曰弟子云者，则群聚而笑之。问之，则曰："彼

① 句读（dòu）：指断开句子的知识。

② 不：通"否"。

与彼年相若也，道相似也，位卑则足羞，官盛则近谀。”呜呼！师道之不复，可知矣。巫医乐师百工之人，君子不齿，今其智乃反不能及，其可怪也欤！

圣人无常师。孔子师郯子、苌弘、师襄、老聃。[1] 郯子之徒，其贤不及孔子。孔子曰：三人行，则必有我师。是故弟子不必不如师，师不必贤于弟子，闻道有先后，术业有专攻，如是而已。

李氏子蟠，年十七，好古文，六艺经传皆通习之，不拘于时，学于余。余嘉其能行古道，作《师说》以贻之。

① 郯（tán）子：春秋时郯国的国君，相传孔子曾向他请教官职的名称。苌（cháng）弘：东周敬王时候的大夫，相传孔子曾向他请教过音乐方面的事情。师襄：春秋时鲁国的乐官，相传孔子曾向他学过琴。老聃（dān）：即老子，相传孔子曾向他问过礼。

译文

古代求学的人一定要有老师。老师是传授道理、讲授学业、解答疑难问题的人。人不是一生下来就什么都懂得的，谁能够没有疑惑呢？有了疑惑却不去向老师请教，那些疑惑的问题，最终就得不到解答了。

出生在我前面的人，他懂得道理本来就比我早，我跟从他学习；出生在我后面的人，如果他懂得道理也比我早，我也跟从他学习。我学习的是道理，哪里管他是出生在我之前还是出生在我之后呢？因此，无论地位高贵还是低贱，无论年长还是年少，道理所在的地方，就是老师所在的地方。

唉！从师求学的风尚不流传已经很久了，想要人们没有疑惑是不容易的了。古代的圣人，他们超出一般人很远，尚且要跟从老师并向老师请教；现在的一般人，他们的才智比圣人差得太多了，却把向老师学习当作耻辱。因此，圣人更加圣明，愚人更加愚昧。圣人之所以能成为圣人，愚人之所以会成为愚人，大概都是出于这个原因吧？人们爱自己的孩子，就会选择老师来教他，而对于自己，却把跟随老师学习当作耻辱，这真是太糊涂了！那些孩子的老师，只是教孩子识文断句的人，而不是我所说的那种传授道理、解答疑惑的人。不懂得断句，还会向老师学习，心中有疑惑不能得到解答，却不向老师请教，小的方面要学习而大的方面却放弃，我看不出这种人的明智之处。巫医、乐师和各种工匠，不把互相学习当作耻辱；士大夫这类人，说到谁是谁的老师、谁是谁的学生这类话的时候，就会成群地凑在一起嘲笑人家。问他们为什么嘲笑，他们就说："那个人和那个人年龄相仿，学问也差不多，把地位低的人当作老师就会感到十分丢脸，把官职高的人当作老师就会有谄媚的嫌疑。"唉！跟随老师求学的风尚不能得到恢复，从这里就可以知晓了！巫医、乐师和各种工匠，是士大夫们瞧不起的，而如今士大夫们的见识反而不如这些人，这可真是令人奇怪啊！

圣人没有固定的老师。孔子曾经把郯子、苌弘、师襄、老聃当作老师。郯子这些人，他们的德才比不上孔子。孔子说："几个人一起走，其中一定有可以当我老师的人。"因此，弟子不一定不如老师，老师不一定能超过弟子。只是领会道理有先有后，学术、技能各有专长，如此罢了。

李家有个孩子名叫蟠的，今年十七岁，喜爱古文，六经的经文和传文都广泛地学习了，不受时俗风气的束缚，向我来求学。我赞许他能遵行古人从师求学的正道，所以写了这篇《师说》赠送给他。

阿房宫赋

唐 · 杜牧

六王毕，四海一，蜀山兀，阿房出。覆压三百余里，隔离天日。骊山北构而西折，直走咸阳。二川溶溶，流入宫墙。五步一楼，十步一阁；廊腰缦① 回，檐牙高啄；各抱地势，钩心斗角。盘盘焉，囷囷② 焉，蜂房水涡，矗不知其几千万落。长桥卧波，未云何龙？复道行空，不霁何虹？高低冥迷，不知西东。歌台暖响，春光融融；舞殿冷袖，风雨凄凄。一日之内，一宫之间，而气候不齐。

妃嫔媵嫱③ ，王子皇孙，辞楼下殿，辇来于秦。朝歌夜弦，为秦宫人。明星荧荧，开妆镜也；绿云扰扰，梳晓鬟也；渭流涨腻，弃脂水也；烟斜雾横，焚椒兰也。雷霆乍惊，宫车过也；辘辘远听，杳不知其所之也。一肌一容，尽态极妍，缦立远视，而望幸焉。有不得见者，三十六年。燕赵之收藏，韩魏之经营，

---

① 缦（màn）：萦绕。

② 囷（qūn）囷：曲折回旋的样子。

③ 妃嫔（pín）媵（yìng）嫱（qiáng）：指六国王侯的宫妃。

齐楚之精英，几世几年，剽[1] 掠其人，倚叠如山。一旦不能有，输来其间。鼎铛玉石，金块珠砾，弃掷逦迤[2] ，秦人视之，亦不甚惜。

嗟乎！一人之心，千万人之心也。秦爱纷奢，人亦念其家。奈何取之尽锱铢[3] ，用之如泥沙？使负栋之柱，多于南亩之农夫；架梁之椽，多于机上之工女；钉头磷磷，多于在庾[4] 之粟粒；瓦缝参差，多于周身之帛缕；直栏横槛，多于九土之城郭；管弦呕哑，多于市人之言语。使天下之人，不敢言而敢怒。独夫之心，日益骄固。戍卒叫，函谷举，楚人一炬，可怜焦土！

呜呼！灭六国者六国也，非秦也；族秦者秦也，非天下也。嗟乎！使六国各爱其人，则足以拒秦；使秦复爱六国之人，则递三世可至万世而为君，谁得而族灭也？秦人不暇自哀，而后人哀之；后人哀之而不鉴之，亦使后人而复哀后人也。

---

① 剽（piāo）：抢劫，掠夺。

② 逦（lǐ）迤（yǐ）：连续不断，这里有“到处都是”的意思。

③ 锱（zī）铢（zhū）：比喻极细微的数量。

④ 庾（yǔ）：露天的谷仓。

阿房宫賦

六王畢四海一蜀山兀阿房出覆壓三百餘里隔離天日驪山北構
而西折直走咸陽二川溶溶流入宮牆五步一樓十步一閣廊腰縵迴
檐牙高啄各抱地勢鈎心鬬角盤盤焉囷囷焉蜂房水渦矗不知
其幾千萬落長橋卧波未雲何龍複道行空不霽何虹高低冥
迷不知西東歌臺暖響春光融融舞殿冷袖風雨淒淒一日之内一宮之
間而氣候不齊妃嬪媵嬙王子皇孫辭樓下殿輦來於秦朝歌夜絃
爲秦宮人明星熒熒開妝鏡也緑雲擾擾梳曉鬟也渭流漲膩棄脂
水也煙斜霧横焚椒蘭也雷霆乍驚宮車過也轆轤遠聽杳不知
其所之也一肌一容盡態極妍縵立遠視而望幸焉有不得見者
三十六年燕趙之收藏韓魏之經營齊楚之精英幾世幾年取
掠其人倚疊如山一旦不能有輸來其間鼎鐺玉石金塊珠礫棄
擲邐迤秦人視之亦不甚惜嗟乎一人之心千萬人之心也秦愛紛奢人亦
愛其家奈何取之盡錙銖用之如泥沙使負棟之柱多於南畝之農夫架
梁之椽多於機上之工女釘頭磷磷多於在庾之粟粒瓦縫參差多於周
身之帛縷直欄横檻多於九土之城郭管絃嘔啞多於市人之言語使天
下之人不敢言而敢怒獨夫之心日益驕固戍卒叫函谷舉楚人一炬可憐
焦土嗚呼滅六國者六國也非秦也族秦者秦也非天下也嗟夫使六國各愛其
人則足以拒秦秦復愛六國之人則遞三世可至萬世而爲君誰得而族
滅也秦人不暇自哀而後人哀之後人哀之而不鑑之亦使後人而復
哀後人也　　庚申五月吾家

鈇某都護獲袁文濤所繪阿房宮圖立軸十二幀愛其筆墨
之精美而又以念暴秦之以窮奢極欲亡其祚也屬余書杜牧阿房宮賦
於其上既以證斯畫且以鼓其盛衰興廢之感焉

醴泉宋伯魯書并識　時年六十有七

译文

六国覆灭，天下统一，蜀山上的树木都被砍光了，阿房宫建成了。阿房宫覆盖了三百多里地，巍峨的宫殿遮天蔽日。从骊山北边建起，绵延向西转折，一直到咸阳。渭川和樊川水波浩荡，流入宫墙。五步一座大楼，十步一个高阁。连接楼阁的走廊像腰带一样曲折萦回，伸向苍穹的檐牙像鸟嘴在高处啄食。各自依着地势，连绵起伏，迂曲如钩，檐牙对峙，好像兵戈相斗。楼阁盘旋曲折，如同一格格繁密的蜂房，一圈圈迂曲的旋涡，高高耸立着，不知它们有几千万座。人们惊讶：没有风起云涌，哪里来的飞龙？原来是长桥横卧在水波之上；没有雨过天晴，哪里来的彩虹？原来是楼阁间的通道横贯空中。高高低低，幽暗迷蒙，让人分辨不清是西还是东。台上传来动人的歌声，散发出温暖气息，恰似春光和煦；殿中舞袖飘拂，带来了凄清寒意，恰似秋雨寒凉。一天之中，一宫之内，而天气竟如此不同。

六国王侯的宫妃们，王子皇孙，离开本国的楼阁宫殿，坐上车子，被送入秦。从早到晚唱歌弹琴，成为秦国的宫人。明星荧荧闪亮，那是她们打开了梳妆镜；绿云纷纷扰扰，那是她们在清晨梳理秀发；渭水涨起一层油脂，那是她们泼掉的洗脸水；空气中弥漫轻烟香雾，那是她们燃起了椒兰在熏香。突然间雷霆震响，令人一惊，那是皇帝的车子驶过；车声隆隆，越来越远，车子不知前往何处。宫人的肌肤姿容都修饰得艳丽娇妍，她们久久地站着，远远地望着，盼望能得到皇帝的宠幸。而其中有人从未见过皇帝，整整空等了三十六年！燕国、赵国收藏的财宝，韩国、魏国经营的珠玉，齐国、楚国搜罗的奇珍，是他们经历了多少代多少年，剽窃掠夺，取自人民，聚敛堆积，藏在宫廷。一旦国灭家亡，不能继续占有，都被运到了阿房宫。在这里，宝鼎被视同铁锅，美玉被看作石子，黄金如同土块，珍珠就像沙砾，被丢弃得到处都是，秦国人看了这些宝物，也不觉得太可惜。

唉！一个人心中所想，本该和千万人的想法一样。秦王喜爱奢侈豪华，老百姓也同样顾念自己的家。为什么搜刮百姓时，一分一厘都不放过，而挥霍财物时却如同抛弃泥沙？造起这样的宫殿，承载大梁的柱子，比在田中耕作的农夫还多；架在梁上的椽子，比织机上的织女还多；建筑物上的一颗颗钉头，比粮仓里的米粟还多；宫殿参差交错的一道道瓦缝，比全身衣服上的丝缕还多；纵横连接的栏槛，比九州的城郭还多；管弦音乐的声响，比百姓的话语还多。使天下的百姓，嘴里不敢说，只能内心燃烧愤怒！而那众叛亲离的君主之心，竟一天比一天骄横顽固。戍守边疆的士兵振臂一呼，函谷关就被攻破。楚国人进咸阳，放了一把火，可惜豪华的阿房宫就化成了一片焦土。

唉！灭亡六国的是六国自己，而不是秦国；灭亡秦国的是秦国自己，而不是天下人。唉！假如六国各自爱护自己的百姓，那么就足以抵抗秦国。如果秦国又能爱护六国的百姓，那么就可以传到三世，甚至可以传到万世而做君主，谁又能消灭秦国呢？秦人来不及为自己的灭亡自我哀叹，只好让后世的人为他们哀叹；后世的人如果仅仅哀叹而不去吸取教训，引以为戒，那么又只好让更后的人再为那些后世的人哀叹不已了。

六国论

宋·苏洵

六国破灭，非兵不利，战不善，弊在赂秦。赂秦而力亏，破灭之道也。或曰：六国互丧，率赂秦耶？曰：不赂者以赂者丧。盖失强援，不能独完。故曰：弊在赂秦也。

秦以攻取之外，小则获邑，大则得城。较秦之所得，与战胜而得者，其实百倍；诸侯之所亡，与战败而亡者，其实亦百倍。则秦之所大欲，诸侯之所大患，固不在战矣。思厥[①]先祖父，暴霜露，斩荆棘，以有尺寸之地。子孙视之不甚惜，举以予人，如弃草芥。今日割五城，明日割十城，然后得一夕安寝。起视四境，而秦兵又至矣。然则诸侯之地有限，暴秦之欲无厌，奉之弥繁，侵之愈急。故不战而强弱胜负已判矣。至于颠覆，理固宜然。古人云："以地事秦，犹抱薪救火，薪不尽，火不灭。"此言得之。

齐人未尝赂秦，终继五国迁灭，何哉？与嬴而不助五国也。五国既丧，齐亦不免矣。燕赵之君，始有远略，能守其土，义

① 厥（jué）：其。

不赂秦。是故燕虽小国而后亡，斯用兵之效也。至丹以荆卿为计，始速祸焉。赵尝五战于秦，二败而三胜。后秦击赵者再，李牧连却之。洎[1] 牧以谗诛，邯郸为郡，惜其用武而不终也。且燕赵处秦革灭殆尽之际，可谓智力孤危，战败而亡，诚不得已。向使三国各爱其地，齐人勿附于秦，刺客不行，良将犹在，则胜负之数，存亡之理，当与秦相较，或未易量。

呜呼！以赂秦之地，封天下之谋臣，以事秦之心，礼天下之奇才，并力西向，则吾恐秦人食之不得下咽也。悲夫！有如此之势，而为秦人积威之所劫，日削月割，以趋于亡。为国者无使为积威之所劫哉！

夫六国与秦皆诸侯，其势弱于秦，而犹有可以不赂而胜之之势。苟以天下之大，而从六国破亡之故事，是又在六国下矣。

---

① 洎（jì）：及，等到。

译文

六国相继灭亡，并不是因为他们的武器不够锋利，仗打得不够好，弊病在于割让土地向秦国求和。割让土地向秦国求和，自己的力量就亏损了，这就是六国灭亡的原因。有人会说：六国相继灭亡，都是因为割让土地向秦国求和吗？我的回答是：不割让土地向秦国求和的国家因为割让土地向秦国求和的国家而灭亡。原因是不割让土地向秦国求和的国家失掉了强有力的外援，不能单独保全。所以说：弊病在于割让土地向秦国求和啊！

秦国除了用战争夺取土地之外，还得到了诸侯割让的土地，小的可以得到邑镇，大的可以得到城市。用秦国通过别国割让得到的土地与自己战胜而得到的土地做比较，实际上多达百倍；用六国因割让而丧失的土地和战败而丧失的土地做比较，实际上也多达百倍。那么，秦国最大的欲望，六国诸侯最大的忧患，当然不在于战争了。想想六国诸侯的祖辈父辈，冒着寒霜雨露，披荆斩棘，才拥有了一点点土地。子孙对待这些土地却很不爱惜，把它送给别人，就像丢弃不值钱的小草一样。今天割让五座城，明天割让十座城，然后才能睡一夜安稳觉。可是第二天起床一看四面边境，秦国的军队又来了。既然如此，那么诸侯们的土地有限，强暴的秦国的贪心永远无法满足，诸侯们割让给秦国的土地越多，秦国对诸侯的侵略就越急迫。所以，用不着交战，谁强谁弱、谁胜谁负就已经分得清清楚楚了。六国最终灭亡，是理所当然的事情。古人说："用土地侍奉秦国，就像抱着柴火去救火，柴不烧完，火就不会灭。"这话说得有道理。

齐国不曾向秦国割地求和，最终也随着五国灭亡了，为什么呢？这是因为齐国跟秦国结盟而不帮助其他五国。五国既然灭亡了，齐国也就不能幸免了。燕国和赵国的国君，起初有长远的谋虑，能够守住他们的国土，坚持正义，不割让土地向秦国求和。所以燕国虽然是个小国，却最后灭亡，这就是用兵抗秦的结果。等到后来燕太子丹把派遣荆轲刺杀秦王当作对付秦国的策略，才招致了亡国的祸患。赵国曾经与秦国交战五次，失败了两次，胜利了三次。后来秦国两次攻打赵国，赵国大将李牧接连打退秦国的军队。等到李牧因受谗言诽谤而被杀害，赵国都城邯郸才变成了秦国的一个郡，可惜赵国用武力抗秦却不能坚持到底。况且，燕赵两国处在秦国几乎要把其他国家消灭干净的时候，可以说他们的智谋穷竭，国势孤危，战败了而亡国，实在是不得已的。假如当初韩、魏、楚三国各自爱护他们的国土，齐国不依附秦国，燕国的刺客不去刺秦王，赵国的良将李牧还活着，那么胜败存亡的命运，应该能够与秦国较量，或许还不容易估量。

唉！如果六国诸侯用割让给秦国的土地来封赏天下的谋臣，用侍奉秦国的心思来礼遇天下的奇才，齐心合力地向西对付秦国，那么，我恐怕秦国人吃饭也咽不下喉咙了。可悲可叹啊！拥有这样的有利形势，却被秦国积久而成的威势所胁迫，天天削弱，月月割地，以至于走向灭亡。治理国家的人不要被敌人积久而成的威势胁迫啊！

六国和秦国都是诸侯国，六国的势力虽然比秦国弱，却还有可以不割让土地向秦国求和而战胜秦国的形势。我们如果凭着广阔的疆土，而重蹈六国灭亡的覆辙，这就又在六国之下了。

答司马谏议书

宋·王安石

某启：昨日蒙教，窃以为与君实游处[1]相好之日久，而议事每不合，所操之术多异故也。虽欲强聒，终必不蒙见察，故略上报，不复一一自辨。重念蒙君实视遇厚，于反复不宜卤莽，故今具道所以，冀君实或见恕也。

盖儒者所争，尤在于名实，名实已明，而天下之理得矣。今君实所以见教者，以为侵官，生事，征利，拒谏，以致天下怨谤也。某则以谓受命于人主，议法度而修之于朝廷，以授之于有司，不为侵官；举先王之政，以兴利除弊，不为生事；为天下理财，不为征利；辟邪说，难壬人[2]，不为拒谏。至于怨诽之多，则固前知其如此也。

人习于苟且非一日，士大夫多以不恤国事、同俗自媚于众为善，上乃欲变此，而某不量敌之众寡，欲出力助上以抗之，则众何为而不汹汹然？盘庚之迁，胥[3]怨者民也，非特朝廷士

① 游处（chǔ）：同游共处，即同事交往的意思。

② 难（nàn）：责难。壬（rén）人：佞人，指巧辩谄媚之人。

③ 胥（xū）：相互。

大夫而已；盘庚不为怨者故改其度，度义而后动，是而不见可悔故也。如君实责我以在位久，未能助上大有为，以膏泽斯民，则某知罪矣；如曰今日当一切不事事，守前所为而已，则非某之所敢知。

无由会晤，不任区区向往之至！

译文

鄙人王安石请启：昨天承蒙您来信指教，我私下认为与君实您来往交好的时间已经很久了，但是议论起政事来却常常意见不一致，这是因为我们所持的政治主张大多不同的缘故。我虽然想向您勉强解释几句，但终究一定还是不能被您理解，所以我只是简略地给您写了这封回信，就不再一一为自己辩解了。又想到您对我的赏识和厚遇，在书信往来上不应该简单草率，所以现在详细地说出我这样做的理由，希望您或许能够原谅我吧。

读书人所争论的问题，尤其在于名义和实际是否相符。如果名义和实际的关系已经明确了，那么天下的根本道理也就清晰了。现在您用来指教我的，是认为我推行新法侵犯了官吏们的职权，生事扰民，与民争利，拒绝接受不同的意见，因而招致天下人的怨恨和非议。我却认为从皇帝那里接受命令，商议法令制度，又在朝廷上修正，把它交给专职的官吏去施行，这不能算侵犯官吏的职权；施行先王的政治主张，用它来兴利除弊，这不能算是生事扰民；为天下治理整顿财政，这不能算是与百姓争夺财利；抨击荒谬有害的言论，驳斥巧辩的奸佞，这不能算是拒绝接受他人的建议。至于天下人对我的怨恨和非议如此多，那是我本来早就料到会这样的。

人们习惯得过且过已经不是一天两天的事了。士大夫们多数把不关心国事、附和世俗，向众人献媚讨好当作美德，皇上想改变这种不良的风气，我不去估量反对者的多少，想拿出自己的力量帮助皇上与之抗衡，所以，那些人怎么会不对我大吵大闹呢？盘庚迁都的时候，怨恨他的是老百姓啊，并不只是朝廷上的士大夫而已；盘庚不因为有人怨恨的缘故就改变自己的计划，他考虑到迁都合理就付诸行动，是因为他认为自己正确，而且看不出有什么可以后悔的缘故啊。如果您责备我在任的时间太久，没能帮助皇上干一番大事业，使老百姓得到好处，那么，我承认自己有罪；如果您认为我现在应该什么事都不去做，守着前人的陈规旧法就可以了，那么，就不是我敢领教的了。

无缘与您见面，内心对您实在仰慕到极点。

赤壁赋

宋 · 苏轼

壬戌之秋，七月既望，苏子与客泛舟游于赤壁之下。清风徐来，水波不兴。举酒属[1]客，诵明月之诗，歌窈窕之章。少焉，月出于东山之上，徘徊于斗牛之间。白露横江，水光接天。纵一苇之所如，凌万顷之茫然。浩浩乎如冯[2]虚御风，而不知其所止；飘飘乎如遗世独立，羽化而登仙。

于是饮酒乐甚，扣舷而歌之。歌曰："桂棹兮兰桨，击空明兮溯流光。渺渺兮予怀，望美人兮天一方。"客有吹洞箫者，

---

① 属（zhǔ）：劝请。

② 冯（píng）：通"凭"，乘。

倚歌而和之。其声呜呜然，如怨如慕，如泣如诉，余音袅袅，不绝如缕。舞幽壑之潜蛟，泣孤舟之嫠妇[1]。

苏子愀然[2]，正襟危坐而问客曰：“何为其然也？”客曰：“‘月明星稀，乌鹊南飞’，此非曹孟德之诗乎？西望夏口，东望武昌，山川相缪，郁乎苍苍，此非孟德之困于周郎者乎？方其破荆州，下江陵，顺流而东也，舳舻[3]千里，旌旗蔽空，酾酒[4]临江，

① 嫠（lí）妇：寡妇。

② 愀（qiǎo）然：容色改变的样子。

③ 舳（zhú）舻（lú）：船尾和船头的并称，泛指首尾相接的船只。

④ 酾（shī）酒：斟酒。

横槊赋诗，固一世之雄也，而今安在哉？况吾与子渔樵于江渚之上，侣鱼虾而友麋鹿，驾一叶之扁舟，举匏樽[①]以相属。寄蜉蝣[②]于天地，渺沧海之一粟。哀吾生之须臾，羡长江之无穷。挟飞仙以遨游，抱明月而长终。知不可乎骤得，托遗响于悲风。”

苏子曰：“客亦知夫水与月乎？逝者如斯，而未尝往也；盈虚者如彼，而卒莫消长也。盖将自其变者而观之，则天地曾不能以一瞬；自其不变者而观之，则物与我皆无尽也，而又何羡乎！且夫天地之间，物各有主，苟非吾之所有，虽一毫而莫取。惟江上之清风，与山间之明月，耳得之而为声，目遇之而成色，取之无禁，用之不竭，是造物者之无尽藏也，而吾与子之所共适。”

客喜而笑，洗盏更酌。肴核既尽，杯盘狼藉。相与枕藉[③]乎舟中，不知东方之既白。

---

① 匏（páo）樽：用葫芦做成的酒器。

② 蜉（fú）蝣（yóu）：一种小飞虫，夏秋之交生在水边，生存期很短，古人说它朝生暮死。这里用来比喻人生短促。

③ 相与枕藉（jiè）：互相枕着垫着。

译文

壬戌年（元丰五年）的秋天，七月十六日，我和客人乘船在赤壁之下游玩。清风缓缓吹来，江面上水波平静。我端起酒杯，向客人敬酒，吟诵起《诗经·陈风·月出》诗中的《窈窕》一章。不一会儿，月亮从东山上升起，行进在斗宿和牛宿之间。白茫茫的水汽笼罩在江面上，江水反射的月光好像与天际相连。我们任由苇叶似的小船自由漂荡，越过那苍茫的江面。江面多么广阔浩瀚啊，我们好像在空中乘风飞驰，不知道将要飞向何方；多么飘逸超然，我们像是抛开尘世，了无挂碍，仿佛长出了翅膀变成了神仙，飞升仙境。

于是，我们一边喝酒，一边敲着船舷打着拍子唱起歌来，真是快乐极了。歌词是："桂木做的棹啊，兰木做的桨，船桨划破月光下澄澈的江水，船儿在闪烁着月光的水面上逆流而上。我的情怀啊，多么悠远无穷！遥望美人啊，她却远在天的另一方。"有位能吹洞箫的客人，依照歌声的曲调和节拍吹箫伴奏。那呜呜咽咽的箫声，像是哀怨，又像是思慕；像是哭泣，又像是倾诉。一曲终了，余音悠长婉转，仿若轻柔的细丝缠绵不断。这箫声能使潜伏在深谷中的蛟龙随之起舞，使孤舟上的寡妇为之落泪。

我不禁改变容色，整了整衣裳，端端正正地坐好，问客人说："箫声为什么如此悲凉呢？"客人说："'月明星稀，乌鹊南飞'，这不是曹孟德的诗句吗？从这儿向西望是夏口，向东望是武昌，山环水绕，草木茂盛苍翠，这不正是曹孟德被周瑜困败的地方吗？当曹操攻破荆州，占据江陵，顺着长江东进的时候，战船首尾相接绵延千里，战旗遮天蔽日，他面对长江斟酒畅饮，横执长矛吟诵诗篇，真称得上是一代英豪啊，而如今又在哪里呢？何况我和您只是在江边打鱼，在沙洲上砍柴，与鱼虾为伴，同麋鹿为友，驾着一叶小船，举杯互相劝酒。我们像蜉蝣那么短促地寄身在天地之间，渺小得如同大海中的一粒小米。哀叹我们人生的转瞬即逝，羡慕长江的无穷无尽。希望挽着神仙一起遨游太空，与明月一起长存。我知道这是不可能马上实现的，只好借箫声把无穷的遗憾寄托在悲凉的秋风中。"

我对客人说："您也懂得那江水和月亮蕴含的道理吗？消逝

的东西就像这长流的江水一样，而实际上并没有消逝；月亮总是时圆时缺，但始终没有增也没有减。如果从变化的一面来看，那么天地间的万事万物连一眨眼的工夫都不能保持原样；如果从那不变的一面来看，那么万事万物和我们都是永恒不灭的，那又何必要羡慕它们呢？况且天地之间，万事万物都各有各的主人；假如不是我所有的东西，即使一丝一毫我们也不能取用。只有江上的清风和山间的明月，耳朵听到它就成为悦耳的声音，眼睛看到它就成为悦目的色彩，怎样获取它们也不会有人禁止，怎样享用它们也不会用尽，这是大自然无穷无尽的宝藏啊，是我和您所能共同享用的东西。”

客人高兴地笑起来。我们洗了酒杯，又重新斟酒喝了起来。菜肴和果品都吃完了，杯盘凌乱。大家互相枕着靠着在船上睡着了，不知不觉东方已经露出了鱼肚白。

项脊轩志

明 · 归有光

项脊轩，旧南阁子也。室仅方丈，可容一人居。百年老屋，尘泥渗漉，雨泽下注；每移案，顾视无可置者。又北向，不能得日，日过午已昏。余稍为修葺，使不上漏。前辟四窗，垣墙周庭，以当南日，日影反照，室始洞然。又杂植兰桂竹木于庭，旧时栏楯[1]，亦遂增胜。借书满架，偃仰啸歌，冥然兀坐，万籁有声；而庭阶寂寂，小鸟时来啄食，人至不去。三五之夜，明月半墙，桂影斑驳，风移影动，珊珊可爱。

然余居于此，多可喜，亦多可悲。先是，庭中通南北为一。迨诸父异爨[2]，内外多置小门墙，往往而是，东犬西吠，客逾庖而宴，鸡栖于厅。庭中始为篱，已为墙，凡再变矣。家有老妪，尝居于此。妪，先大母婢也，乳二世，先妣[3]抚之甚厚。室西连于中闺，先妣尝一至。妪每谓余曰："某所，而母立于兹。"妪又曰："汝姊在吾怀，呱呱而泣；娘以指叩门扉曰：'儿寒乎？欲食乎？'吾从板外相为应答。"语未毕，余泣，妪亦泣。余自束

① 栏楯（shǔn）：栏杆。纵的叫栏，横的叫楯。

② 迨（dài）诸父异爨（cuàn）：等到伯、叔们分了家。异爨，分灶做饭，意思是分了家。

③ 先妣（bǐ）：已故的母亲。

发读书轩中，一日，大母过余曰："吾儿，久不见若影，何竟日默默在此，大类女郎也？"比去，以手阖门，自语曰："吾家读书久不效，儿之成，则可待乎！"顷之，持一象笏[1] 至，曰："此吾祖太常公宣德间执此以朝，他日汝当用之！"瞻顾遗迹，如在昨日，令人长号不自禁。

轩东故尝为厨，人往，从轩前过。余扃牖[2] 而居，久之，能以足音辨人。轩凡四遭火，得不焚，殆有神护者。

项脊生曰："蜀清守丹穴，利甲天下，其后秦皇帝筑女怀清台；刘玄德与曹操争天下，诸葛孔明起陇中。方二人之昧昧于一隅也，世何足以知之，余区区处败屋中，方扬眉瞬目，谓有奇景。人知之者，其谓与坎井之蛙何异？"

余既为此志，后五年，吾妻来归，时至轩中，从余问古事，或凭几学书。吾妻归宁，述诸小妹语曰："闻姊家有阁子，且何谓阁子也？"其后六年，吾妻死，室坏不修。其后二年，余久卧病无聊，乃使人复葺南阁子，其制稍异于前。然自后余多在外，不常居。

庭有枇杷树，吾妻死之年所手植也，今已亭亭如盖矣。

---

① 笏（hù）：用玉、象牙或竹片制成，用以记事。

② 扃（jiōng）牖（yǒu）：关着窗户。

译文

项脊轩，就是我家原来的南阁楼。屋子只有一丈见方，可以容得下一个人居住。这座经历了百年的老屋，屋顶墙上的灰尘泥土不断掉落，赶上雨天，雨水也往下流；我每每搬挪书桌，环顾四周，屋里却没有不漏雨的地方可以放它。项脊轩坐南朝北，照不到太阳，一过中午屋里就非常昏暗。我稍稍修补了一下屋顶，让它不再掉土漏水。我又在老屋的北墙凿开四个窗子，在庭院四周砌上了围墙，用北墙挡住南面射来的阳光，阳光照在墙上，反射进我的小屋里，屋里才亮堂了。我又在院子里种了兰花、桂花、竹子等草木，旧日的栏杆也增加了光彩。借来的书堆满了我的书架，有时我悠然自得地吟诵诗文，有时我静静地端坐，倾听大自然的声音。庭院里、台阶前一片静寂，小鸟时不时地飞来啄食，人走到跟前也不会飞走。农历每月十五的夜晚，皎洁的月光照亮了半面墙壁，桂花的影子斑驳地映在墙上，风一吹，树影也跟着摇曳，婷婷袅袅，十分可爱。

但是我住在这里，有很多事情让我快乐，也有很多事情让我悲伤。早先，我家的庭院南北相通连成一座大院子。等到伯父叔父们分家以后，就在里里外外增建了许多小门，院墙到处都是。分家以后，东家的狗跑到西家汪汪叫，来了客人不得不穿过厨房去赴宴，鸡跑到厅堂里栖息。院子里的各家一开始用篱笆隔开，后来又砌成了围墙，总共变了两次。我家有一位老婆婆，曾经在这轩里住过。那位老婆婆是我已故祖母的贴身丫鬟，做过我家两代人的乳母。我去世的母亲待她很好。项脊轩的西面连着内室，我母亲曾经常常过来。那位老婆婆经常对我说："这个地方，你妈妈曾经在这里站过。"然后又接着说："你姐姐躺在我怀里哇哇哭的时候，你母亲就用手指轻轻地敲着门说：'孩子是不是冻着了？是不是想吃东西啊？'我隔着房门一一回答。"话还没说完，我就哭了起来，老婆婆也跟着我一起流泪。我从十五岁开始在项脊轩里读书。有一天，祖母来轩中看我，对我说："孩子，我已经好久没有看见你了，你怎么整天默默地待在这里，像个女孩儿一样呢？"等到离开时，她一边用手关上门，一边自言自语地说："我们家的人读书很久没有得到功名了，这个孩子考取功名，指日可待了吧？”过了一会儿，她又拿着一个象牙笏板走进来，对我说：“这是我的祖父太常公在宣德年间拿着上朝用的，你日后一定会用到它。”回忆往事，这一切就好像发生在昨天一样，让我忍不住放声大哭。

项脊轩的东面过去曾经是厨房，人们要去厨房就得从轩前走过。我关着窗子在里面读书，日子久了，能够通过脚步声分辨出走过去的是谁。项脊轩总共遭遇过四次火灾，能够不被大火烧毁，大概是有神灵在保佑它吧。

项脊生说：巴蜀那个地方有一个名叫清的寡妇，继承了丈夫留下的朱砂矿，靠采矿谋利成为天下第一富人。后来，秦始皇造了一座“女怀清台”纪念她。当年，刘备与曹操争夺天下，诸葛亮从隆中出山助刘备建功立业。当这两个人生活在不为人知的偏僻角落时，世人哪里知道他们的存在呢？我今天住在这狭窄破旧的项脊轩里，自得其乐，自认为这里有奇景异致。如果有人知道我如此，恐怕会说我是目光短浅的井底之蛙吧！

我写完这篇文章之后，过了五年，我的妻子嫁到我家来。她时常来项脊轩，向我问一些古代的事情，有时候就伏在桌旁学习

写字。有时，她回娘家小住，回来以后就跟我转述她几个小妹妹的话：“听说姐姐家有个小阁楼，那什么叫小阁楼呢？”这以后又过了六年，我的妻子因病去世，项脊轩破败了我也没有心思整修。又过了两年，我因长时间生病卧床精神上没有寄托，就让人再次修缮项脊轩。它的格局跟过去稍有不同。然而，这以后我常年在外，很少住在那里。

庭院里有一棵枇杷树，是我妻子在她去世那年亲手栽种的。如今，那棵枇杷树已经长得挺拔高大，枝叶繁茂，树冠像撑开的巨伞一样了。

子路、曾皙、冉有、公西华侍坐

《论语》

子路、曾皙、冉有、公西华侍坐。子曰："以吾一日长乎尔，毋吾以也。居则曰：'不吾知也。'如或知尔，则何以哉？"

子路率尔而对曰："千乘之国[①]，摄乎大国之间，加之以师旅，因之以饥馑；由也为之，比及三年，可使有勇，且知方也。"

夫子哂[②]之。

"求！尔何如？"

对曰："方六七十，如五六十，求也为之，比及三年，可使足民。如其礼乐，以俟君子。"

"赤！尔何如？"

对曰："非曰能之，愿学焉。宗庙之事，如会同，端章甫，愿为小相焉。"

"点！尔何如？"

---

① 千乘（shèng）之国：有一千辆兵车的诸侯国。在春秋后期，是中等国家。乘，古时一车四马为一乘。

② 哂（shěn）：微笑。

鼓瑟希[1]，铿尔，舍瑟而作，对曰："异乎三子者之撰。"

子曰："何伤乎？亦各言其志也！"

曰："莫春者，春服既成，冠者五六人，童子六七人，浴乎沂[2]，风乎舞雩[3]，咏而归。"

夫子喟然叹曰："吾与点也。"

三子者出，曾皙后。曾皙曰："夫三子者之言何如？"

子曰："亦各言其志也已矣！"

曰："夫子何哂由也？"

曰："为国以礼，其言不让，是故哂之。""唯求则非邦也与？""安见方六七十，如五六十而非邦也者？""唯赤则非邦也与？""宗庙会同，非诸侯而何？赤也为之小，孰能为之大？"

---

① 希：通"稀"，稀疏。

② 沂（yí）：水名，在今山东曲阜南。

③ 风乎舞雩（yú）：在舞雩台上吹吹风。舞雩，台名，是鲁国求雨的坛，在今山东曲阜东南。

译文

子路、曾皙、冉有、公西华四个人坐在孔子旁边侍奉。孔子说："我是比你们年纪大一些，但你们不要因此而不敢说出自己的想法。你们平常总说，'没有人了解我啊'，倘若有人想了解你们，打算请你们出去，你们想干些什么事情呢？"

子路不假思索地回答说："一个拥有一千辆兵车的国家，夹在几个大国的中间，外面别国军队不断侵犯它，国内又连年闹饥荒。如果让我去治理，等到三年之后，可以使民众勇敢无畏，而且懂得道义。"

孔子对他微微一笑。

孔子又问："冉有！你怎么样？"

冉有回答说："国土纵横六七十里或五六十里的小国，如果让我去治理，只要三年，可使人民衣食丰足。至于礼乐教化，那就得等待君子来推行了。"

孔子又问："公西华！你怎样呢？"

公西华回答说："我不敢说我能胜任，只是愿意在这方面学习罢了。祭祀祖先，或者同外国盟会，我愿意穿着礼服，戴着礼帽，希望能做一个小小的司仪。"

孔子问："曾皙！你怎样呀？"

曾皙正在弹奏瑟，瑟声正好接近尾声，听孔子问他，铿的一声停下来，把瑟放下，站起来，回答说："我和他们三个人的志向都不相同啊！"

孔子说："那有什么关系呢？只不过是各自说说自己的志向罢了。"

曾皙说："暮春时节，新做的春装已经穿好了，约着五六个成年人和六七个小孩子，一起到沂水边去洗澡，在舞雩台上吹吹风，一路唱歌，一路走回家。"

话音刚落，孔子感叹一声说："我赞成曾皙呀！"

子路、冉有、公西华都出去了，曾皙走在最后。曾皙问孔子道："他们三个人说的怎样呀？"

孔子说："这也不过是各自说说自己的志向罢了。"

曾皙说："那您为什么要笑仲由呢？"

孔子说："治理国家要讲求礼让，可是他的言语一点儿都不谦虚，所以我才笑他。难道冉有讲的不算是国家的事吗？怎么见得六七十里或五六十里的土地就不算是国家呢？难道公西华讲的不算是国家的事吗？说到宗庙祭祀和诸侯会见，这不是国家的事，是什么？公西华说他愿意学着做一个小小的司仪。像公西华这样的人，只能去做一个小司仪，那么谁能做大司仪呢！"

陶園松菊
湯擬山樵晚興好菊松陶園寫秋華
研朱細點成霜葉絕勝春林二月花
陶園先生長君扶照索寫時閱幾四載
不以促迫蓋知繪事之難而念予道修之
少暇也廿七日雪窗畫成托上淞寄之時
康熙甲申年正月耕煙老人并題

报任安书（节选）

汉 · 司马迁

古者富贵而名摩灭，不可胜记，唯倜傥非常之人称焉。盖文王拘而演《周易》；仲尼厄而作《春秋》；屈原放逐，乃赋《离骚》；左丘失明，厥有《国语》；孙子膑脚，《兵法》修列；不韦迁蜀，世传《吕览》；韩非囚秦，《说难》《孤愤》；《诗》三百篇，大底圣贤发愤之所为作也。此人皆意有所郁结，不得通其道，故述往事，思来者。乃如左丘无目，孙子断足，终不可用，退而论书策，以舒其愤，思垂空文以自见①。

仆窃不逊，近自托于无能之辞，网罗天下放失旧闻②，略考其行事，综其终始，稽其成败兴坏之纪，上计轩辕，下至于兹，为十表，本纪十二，书八章，世家三十，列传七十，凡百三十篇。亦欲以究天人之际，通古今之变，成一家之言。草创未就，会遭此祸，惜其不成，是以就极刑而无愠色。仆诚以著此书，藏之名山，传之其人，通邑大都，则仆偿前辱之责③，虽万被戮，岂有悔哉？然此可为智者道，难为俗人言也！

---

① 见：同“现”。

② 放失（yì）旧闻：散乱的文献。失，通“佚”。

③ 责（zhài）：通“债”，指下狱受宫刑。

译文

自古以来，在世的时候享受富贵但去世后姓名埋没不传的人，多得数不完，只有卓越洒脱、不同一般的人被后世称道。西伯被拘禁而推演出《周易》，孔子遭受困厄而写成《春秋》；屈原被放逐，创作了《离骚》；左丘明失明，写出了《国语》；孙膑被刖足而写就了《兵法》；吕不韦被贬谪到蜀地，而有《吕氏春秋》流传后世；韩非被囚禁在秦国，写出了《说难》《孤愤》。《诗经》三百篇，大都是圣贤抒发内心愤懑而创作的。这些人都是满怀郁愤得不到排解，所以追述过去的史事，启发后来的人。至于像左丘明失明，孙膑断了双腿，终于没有办法得到君主的重用，就退下来著书立说来宣泄他们的郁愤，让将来的人看见自己的情志，想留下文章在后世显扬自己的名声。

我私下里不自量力，最近依靠不高明的文辞，搜集天下散佚的遗闻旧说，用史实来加以考查，总结历史上成败兴衰的规律。上起黄帝轩辕氏，下到当代为止，写成十篇表，十二篇本纪，八篇书，三十篇世家，七十篇列传，共一百三十篇，也是想用这些来探究天地自然与人类社会的关系，揭示社会变化的规律，创立一家学说。刚着手进行而尚未完成这件事情的时候，正好遇上这场大祸，我为此书未能完成而惋惜，因此面对可以称为奇耻大辱的宫刑，我毫无怨怒之色。如果我能完成此书，就要把它珍藏在名山之中，传授给能够理解它的人，进而使之在人烟稠密的都市流传，那么我以前受辱的旧债可以算是得到偿还了，即使死去一万次，又哪里会后悔呢？然而，这些话只能够对智慧的人倾诉，很难向庸俗的人说明啊。

过秦论

汉 · 贾谊

秦孝公据崤函[①] 之固，拥雍州之地，君臣固守以窥周室，有席卷天下，包举宇内，囊括四海之意，并吞八荒之心。当是时也，商君佐之，内立法度，务耕织，修守战之具，外连衡而斗诸侯。于是秦人拱手而取西河之外。

孝公既没，惠文、武、昭襄蒙故业，因遗策，南取汉中，西举巴、蜀，东割膏腴[②] 之地，北收要害之郡。诸侯恐惧，会盟而谋弱秦，不爱珍器重宝肥饶之地，以致天下之士，合从[③] 缔交，相与为一。当此之时，齐有孟尝，赵有平原，楚有春申，魏有信陵。此四君者，皆明智而忠信，宽厚而爱人，尊贤而重士，约从离衡，兼韩、魏、燕、楚、齐、赵、宋、卫、中山之众。于是六国之士，有宁越、徐尚、苏秦、杜赫之属为之谋，齐明、周最、陈轸、召滑、楼缓、翟景、苏厉、乐毅之徒通其意，[④] 吴起、

① 崤（xiáo）函（hán）：崤山和函谷关。

② 膏腴（yú）：指土地肥沃。

③ 从：通“纵”。

④ 陈轸（zhěn）、召（shào）滑、乐（yuè）毅：分别为楚人、楚臣、燕将。

孙膑、带佗、倪良、王廖、田忌、廉颇、赵奢之伦制其兵。尝以十倍之地，百万之众，叩关而攻秦。秦人开关延敌，九国之师，逡巡而不敢进。秦无亡矢遗镞[①] 之费，而天下诸侯已困矣。于是从散约败，争割地而赂秦。秦有余力而制其弊，追亡逐北，伏尸百万，流血漂橹；因利乘便，宰割天下，分裂山河。强国请服，弱国入朝。延及孝文王、庄襄王，享国之日浅，国家无事。

及至始皇，奋六世之余烈，振长策而御宇内，吞二周而亡诸侯，履至尊而制六合，执敲扑而鞭笞天下，威振四海。南取百越之地，以为桂林、象郡；百越之君，俯首系颈，委命下吏。乃使蒙恬北筑长城而守藩篱，却匈奴七百余里；胡人不敢南下而牧马，士不敢弯弓而报怨。于是废先王之道，焚百家之言，以愚黔首；隳[②] 名城，杀豪杰；收天下之兵，聚之咸阳，销锋镝，铸以为金人十二，以弱天下之民。然后践华为城，因河为池，据亿丈之城，临不测之渊，以为固。良将劲弩守要害之处，信臣精卒陈利兵而谁何。天下已定，始皇之心，自以为关中之固，金城千里，子孙帝王万世之业也。

---

① 镞（zú）：箭头。

② 隳（huī）：毁坏。

始皇既没，余威震于殊俗。然陈涉瓮牖绳枢之子，氓隶之人，而迁徙之徒也；才能不及中人，非有仲尼、墨翟之贤，陶朱、猗顿之富；蹑足行伍之间，而倔起阡陌之中，率疲弊之卒，将数百之众，转而攻秦；斩木为兵，揭竿为旗，天下云集响应，嬴粮而景[1] 从。山东豪俊遂并起而亡秦族矣。

且夫天下非小弱也，雍州之地，崤函之固，自若也。陈涉之位，非尊于齐、楚、燕、赵、韩、魏、宋、卫、中山之君也；锄櫌棘矜，非铦于钩戟长铩也；[2] 谪戍之众，非抗于九国之师也；深谋远虑，行军用兵之道，非及向时之士也。然而成败异变，功业相反，何也？试使山东之国与陈涉度长絜大[3]，比权量力，则不可同年而语矣。然秦以区区之地，致万乘之势，序八州而朝同列，百有余年矣；然后以六合为家，崤函为宫；一夫作难[4] 而七庙隳，身死人手，为天下笑者，何也？仁义不施而攻守之势异也。

---

① 景：同“影”。

② 锄櫌（yōu）棘矜（qín），非铦（xiān）于钩戟长铩（shā）也：农具木棍不如钩戟长矛锋利。櫌，碎土平田的农具。棘矜：用枣木做的棍子。铦，锋利。长铩，长矛。

③ 度（duó）长絜（xié）大：量量长短，比比大小。絜，衡量。

④ 作难（nàn）：起事。

译文

秦孝公占据崤山、函谷关一带的险要之地，拥有雍州的土地，君臣牢牢把守着本土，暗中窥伺东周王室的政权，大有席卷天下、征服九州、控制四海的壮志，并吞八方荒远之地的雄心。在那时候，商鞅辅佐秦孝公，对内建立法令制度，鼓励农耕纺织，修造用于防守和进攻的器械；对外实行连横策略，使诸侯之间互相争斗。于是秦人轻而易举地夺取了西河以外的大片土地。

秦孝公死后，惠文王、武王、昭襄王先后继承祖先的基业，沿袭前代的策略，向南攻取了汉中，向西占领了巴蜀，向东割取了肥沃的土地，向北收服了地势险要的州郡。各国诸侯因此而恐惧害怕，他们会聚结盟谋求削弱秦国的力量，他们不吝惜用珍奇器具、贵重宝物和肥沃土地来招纳天下的贤才，采用合纵策略结成同盟，相互配合，联成一体。这一时期，齐国有孟尝君、赵国有平原君、楚国有春申君、魏国有信陵君。这四位都睿智而忠信，宽厚而仁爱，尊敬贤良，重用人才，他们相约合纵之策来瓦解秦国连横的策略，又联合了韩、魏、燕、赵、宋、卫、中山等国的军事力量。于是，六国之士当中，有宁越、徐尚、苏秦、杜赫等人为他们出谋划策；齐明、周最、陈轸、召滑、楼缓、翟景、苏厉、乐毅等人为他们联络互通信息；吴起、孙膑、带佗、倪良、王廖、田忌、廉颇、赵奢等人统率他们的军队。他们曾经以十倍于秦国的土地为后盾，带领上百万的大军，进抵函谷关，攻打秦国。秦人打开函谷关迎敌，九国的军队却犹犹豫豫徘徊不敢进兵。秦国不费一弓一箭之力，而天下的诸侯就已陷入困境了。于是合纵解散了，盟约瓦解了，各诸侯国争着割让土地贿赂秦国。秦国更是有足够的力量，抓住各诸侯国的弱点制服他们，追逐败逃的敌人，杀得伏尸遍地，血流成河，流血之多甚至能漂起大盾牌。秦国趁着胜利的形势和时机，割取诸侯土地，使诸侯国山河破碎。强国只能向秦国请求臣服，弱国则直接来秦国朝拜。等到孝文王、庄襄王依次继位，因为他们在位时间很短，秦国没有什么重大事件。

到了秦始皇的时候，他继承发扬了先辈六世遗留下来的功业，就像举起长鞭赶马似的驾驭天下，吞并东西二周，消灭了诸侯各国，登上至高无上的皇帝宝座，统治了全国，用严酷的刑罚役使天下的百姓，风威震慑四海。向南攻取百越的领土，设置桂林郡、象郡。百越的君主低着头，脖子上捆着绳索，把自己的性命交给秦朝的下等官吏。于是秦始皇派蒙恬到北方修筑长城来守卫边疆，将匈奴打退七百多里，致使匈奴人不敢再南下侵扰，勇士也不敢挑战报复。于是秦始皇废除了古代先王的治国之道，焚烧各个学派的著作以便使百姓变得愚昧无知。他毁坏各诸侯国的名城，杀害各国的英雄豪杰，收缴天下的兵器，集中到咸阳进行销熔，铸成十二尊金属人像，借以来削弱天下人民的反抗力量。然后据守华山，把它当作帝都城墙；依托黄河，把它当作帝都护城河。凭借着亿丈的高大城墙，下临深不可测的河流，以此作为巩固的防线，自以为坚不可摧。派优秀的将领手持强弓，守卫着要害的地方；让忠实的大臣率领精锐士兵，手持锋利兵刃盘查出入关卡的行人。天下已经平定，秦始皇的内心，自以为关中如此坚固，方圆千里固若金汤，这是子孙万世称帝称王的基业。

秦始皇死后，他的余威依然震慑着风俗不同的边远地区。然而，陈涉这个用破瓮当窗户、用绳子系门轴的穷小子，一个卖苦力为生的农民，后来又被罚罪到边境的人，他的才能赶不上普通人，没有孔子、墨子那样的贤德，没有范蠡、猗顿那样的财富，只是置身于戍卒的队伍中，在村野之间起事，率领疲惫无力的士卒，带领着数百人的队伍，掉转头来攻打秦朝。他们用砍下的树木当武器，举起竹竿做旗帜，天下百姓像云一样聚集起来，像回声似的应和他，背着粮食如影随形地跟着他，崤山以东各国的英雄豪杰共同起事就推翻了秦朝的统治。

秦朝的天下并没有缩小、削弱，雍州的肥沃土地，崤山和函谷关的险要地势，依然和以前一样。陈涉的地位，并不比齐、楚、燕、赵、韩、魏、宋、卫、中山的国君尊贵；种田的锄头、木棍，并不比钩戟长矛锋利；因为犯罪被罚戍守边疆的士卒，并不比九国诸侯军队的战斗力更强；深谋远虑，行军用兵的策略，也比不上先前那些武将谋臣所谋划的。然而条件好的失败了，而条件差的却能成功，功业成就和所具备的智谋实力恰恰相反，这是什么原因呢？如果让崤山以东诸侯国和陈涉比较优长短缺、权力大小，那两者力量的悬殊，是不能相提并论的。但是，秦国凭借着它关中一块小小的地盘，最终取得了皇帝的权柄，招来八州的尊奉，使原来和秦国同样地位的诸侯入朝称臣，已有一百多年了。然后把天地四方作为自家的产业，把崤山、函谷关之内当作自家宫室。不料一个陈涉发难，就使秦王朝的宗庙被毁掉，国君死在别人手里，被天下人耻笑，这是什么原因呢？这是因为不能施行仁义而攻守的形势截然不同的缘故啊。

陈情表

晋·李密

臣密言：臣以险衅，夙遭闵凶。生孩六月，慈父见背；行年四岁，舅夺母志。祖母刘悯臣孤弱，躬亲抚养。臣少多疾病，九岁不行，零丁[①] 孤苦，至于成立。既无伯叔，终鲜兄弟，门衰祚[②] 薄，晚有儿息。外无期功强近之亲[③] ，内无应门五尺之僮。茕茕孑立，形影相吊。而刘夙婴疾病，常在床蓐[④] 。臣侍汤药，未曾废离。

逮奉圣朝，沐浴清化。前太守臣逵察臣孝廉，后刺史臣荣举臣秀才。臣以供养无主，辞不赴命。诏书特下，拜臣郎中，寻蒙国恩，除臣洗马。猥以微贱，当侍东宫，非臣陨首所能上报。臣具以表闻，辞不就职。诏书切峻，责臣逋慢。郡县逼迫，催臣上道；州司临门，急于星火。臣欲奉诏奔驰，则刘病日笃；欲苟顺私情，则告诉不许：臣之进退，实为狼狈。

---

① 零丁：通“伶仃”，孤独无依的样子。

② 祚（zuò）：福分。

③ 期（jī）功强（qiǎng）近之亲：指比较亲近的亲戚。古代丧礼制度以亲属关系的亲疏规定服丧时间的长短，服丧一年称“期”，九月称“大功”，五月称“小功”。

④ 蓐：通“褥”，床垫，被褥。

伏惟圣朝以孝治天下，凡在故老，犹蒙矜育，况臣孤苦，特为尤甚。且臣少仕伪朝，历职郎署，本图宦达，不矜名节。今臣亡国贱俘，至微至陋，过蒙拔擢，宠命优渥，岂敢盘桓，有所希冀。但以刘日薄西山，气息奄奄，人命危浅，朝不虑夕。臣无祖母，无以至今日；祖母无臣，无以终余年。母、孙二人，更相为命，是以区区不能废远。

臣密今年四十有四，祖母今年九十有六，是臣尽节于陛下之日长，报养刘之日短也。乌鸟私情，愿乞终养。臣之辛苦，非独蜀之人士及二州牧伯所见明知，皇天后土实所共鉴。愿陛下矜悯愚诚，听臣微志，庶刘侥幸，保卒余年。臣生当陨首，死当结草。臣不胜犬马怖惧之情，谨拜表以闻。

译文

臣李密奏告：臣因为命运不好，很早就遇到种种不幸。生下来刚刚六个月，慈爱的父亲就去世了；到了四岁的时候，舅父强行改变了母亲想守节的志向，强迫母亲改嫁了。祖母刘氏可怜我孤苦弱小，亲自抚养我。臣小时候常常患病，九岁时还不能走路，孤单困苦，一直到成人自立。既没有叔叔伯伯，也没有哥哥弟弟。家门衰微，福分浅薄；到年龄很大的时候，才有了儿子。在外边没有什么关系比较近的亲戚，在家里也没有照应门户的五尺高的小孩儿。臣孤单无依，独自生活，只有身体和影子互相安慰。而祖母刘氏很早就疾病缠身，长期卧病在床，臣侍奉饮食、药品，未曾停止侍奉而离开。

到了圣明的朝代，臣蒙受本朝清明的教化。起初太守逵考察和推举臣做孝廉，后来刺史荣举荐臣做秀才。臣因为供养祖母的事情无人主持，就推辞而没有接受任命。朝廷特地颁下诏书，任命臣做郎中。不久，蒙受国家恩典，被任命为太子洗马。臣以卑微低贱的身份，担任侍奉太子的职务，皇上优厚的恩遇不是臣杀身捐躯所能报答的。臣把自己的苦衷用奏表一一呈报，使皇上听到，推辞而没有担任这一职务。诏书急切严厉，责备臣有意回避，怠慢皇上的命令。郡县官员催促逼迫，命令臣赶快启程上路；州中的官吏亲自来到臣的家中，十分急迫地催促臣上路。臣想遵奉诏书的命令为皇上奔走效劳，可祖母刘氏的病情一天比一天沉重。臣想姑且顺从个人的感情来奉养祖母，可申诉苦衷又不被上级允许。臣是进是退，实在两难。

臣俯伏思量，圣明的朝代用孝道来治理天下，凡是健在的年老、有功德的旧臣，尚且蒙受陛下的怜惜养育，何况像臣这样孤单悲苦，遭遇到更加严重的情况的人。而且臣年轻时做伪朝的官，在郎官的衙署中担任一些职务，原本就希图官职显达，并不想自命清高，拿名誉和节操自夸。现在臣是已经灭亡了的蜀国的卑贱的俘虏，极其卑微，极其鄙陋，却受到屡次迁升这样过分的提拔，皇上的恩命荣宠如此优厚，臣哪里敢犹疑不决，另有非分的想法。只是因为祖母刘氏好像迫近西山的太阳，气息微弱快要断气，生命垂危，不能长久，早晨不能想到晚上怎样，随时都可能死亡。

臣如果没有祖母，就没有办法活到今天。祖母如果没有臣，就没有办法过完余生。臣与祖母祖孙两个人，相依为命，因此臣心怀恳切深情，不能停止奉养而远离祖母。

臣李密今年四十四岁，祖母刘氏今年已经九十六岁了，这样看来，臣为陛下尽忠效劳的日子还长，报答奉养祖母刘氏恩情的日子不多了。幼小的乌鸦长大后能反哺它的母亲，臣也有这样的孝心，希望能奉养祖母到最后。臣的辛酸悲苦，不仅仅是蜀地的人士以及太守逵和刺史荣所能看见而明明白白知道的，天地神明实在也都看得清清楚楚的。希望陛下怜悯体恤臣愚拙的诚心，成全臣卑微的想法，或许能够使刘氏侥幸地寿终。臣活着定当不惜性命为国家出力，就算是死了，也不忘报答陛下的恩情。臣怀着万分惶恐的心情，恭恭敬敬拜上表章，来使陛下了解这些情况。

归去来兮辞（并序）

晋 · 陶渊明

余家贫，耕植不足以自给。幼稚盈室，瓶无储粟，生生所资，未见其术。亲故多劝余为长吏，脱然有怀，求之靡途[1]。会有四方之事，诸侯以惠爱为德，家叔以余贫苦，遂见用于小邑。于时风波未静，心惮远役，彭泽去家百里，公田之利，足以为酒。故便求之。及少日，眷然有归欤之情。何则？质性自然，非矫厉所得。饥冻虽切，违己交病。尝从人事，皆口腹自役。于是怅然慷慨，深愧平生之志。犹望一稔，当敛裳宵逝。[2] 寻程氏妹丧于武昌，情在骏奔，自免去职。仲秋至冬，在官八十余日。因事顺心，命篇曰《归去来兮》。乙巳岁十一月也。

归去来兮，田园将芜胡不归？既自以心为形役，奚惆怅而独悲？悟已往之不谏，知来者之可追。实迷途其未远，觉今是而昨非。舟遥遥以轻飏[3]，风飘飘而吹衣。问征夫以前路，恨晨光之熹微。

乃瞻衡宇，载欣载奔。僮仆欢迎，稚子候门。三径就荒，

① 靡（mǐ）途：没有途径，即没有门路。

② 一稔（rěn）：收获一次，即一年。稔，谷物成熟。敛（liǎn）裳（cháng）：收拾行装。

③ 飏（yáng）：飞扬，形容船行驶轻快。

松菊犹存。携幼入室，有酒盈樽。引壶觞以自酌，眄[1] 庭柯以怡颜。倚南窗以寄傲，审容膝之易安。园日涉以成趣，门虽设而常关。策扶老以流憩，时矫首而遐观。云无心以出岫[2] ，鸟倦飞而知还。景翳翳以将入，抚孤松而盘桓。

归去来兮，请息交以绝游。世与我而相违，复驾言兮焉求？悦亲戚之情话，乐琴书以消忧。农人告余以春及，将有事于西畴。或命巾车，或棹孤舟。既窈窕以寻壑，亦崎岖而经丘。木欣欣以向荣，泉涓涓而始流。善万物之得时，感吾生之行休。

已矣乎！寓形宇内复几时？曷[3] 不委心任去留？胡为乎遑遑欲何之？富贵非吾愿，帝乡不可期。怀良辰以孤往，或植杖而耘耔[4] 。登东皋[5] 以舒啸，临清流而赋诗。聊乘化以归尽，乐夫天命复奚疑！

---

① 眄（miǎn）：斜视，这里指随便看看。

② 岫（xiù）：有洞穴的山，这里泛指山峰。

③ 曷（hé）：何、为什么。

④ 耘耔（zǐ）：除草、培苗。

⑤ 皋（gāo）：水边高地。

译文

我家贫穷，单靠种田不够养家糊口。孩子又很多，米缸里没有余粮，如何才能得到生活所需，我实在没有办法。亲戚朋友大都劝我去谋个官做，我的心被他们说得活动起来，只是一时没有门路求得。适逢多事之秋，地方上的长官把爱惜人才作为美德，叔父因我贫苦而举荐我，于是我被任命在彭泽这个小县做县令。当时时局不安定，心里害怕到远处做官，彭泽县离我家只有百里地，俸田所收获的粮食，足够用来酿酒，所以我才请求做彭泽县令。到任后，过了些日子，因思念家乡便产生了辞官回家的念头。为什么会这样呢？我本性率真自然，不是造作勉强做得到的。挨饿受冻虽然痛苦，但违背本心去做官，身心会更加痛苦。以前不得已也曾做过官，都是为了养家糊口、填饱肚皮而役使自己。于是惆怅感慨，内心激动不平，为自己放弃了一生追求自由的志向而深感惭愧。我本指望干满一年之后，便收拾行装连夜离去。不久，我那嫁到程家的妹妹在武昌去世。心里急着去吊丧，我自己就请求免去了职务。从秋八月到入冬，我在任八十多天。因辞官归隐这件事顺遂了我的心意，于是写下这篇文章，题目叫《归去来兮》。这时候正是乙巳年十一月。

回去吧，田园快要荒芜了，为什么还要在仕途上犹豫徘徊不回家呢？既然自己让心灵受形体的奴役，为什么还要内心惆怅独自伤悲？我已深知过去的不可追回，而未来的还来得及补救。我确实误入了迷途，大概还不太远，我觉得现在的做法是正确的而过去的行为是错误的。归舟轻快地向前荡漾，清风阵阵吹动我的衣衫。向行人打听着前面的归程，遗憾的是晨光微弱，天亮得太慢。

终于望见我家那草舍寒门，我按捺不住心中的喜悦飞奔向前。童仆喜笑颜开地来迎接我，孩子们早已在门前等候我多时了。庭院中的小路快要长满荒草了，可青松依旧苍翠，菊花仍吐清芬。我牵着幼子的小手走进屋里，杯中已斟满了美酒。拿过酒壶和酒杯我自斟自饮，悠闲地看着院中的树木，我露出了会心的微笑。倚靠着南窗寄托自己傲然自得的情怀，我深知狭窄简陋的居所容易安乐逍遥。每天在园中散步已成为我生活中不可或缺的乐趣，家门常常紧闭，少有人来，从而免去世俗的烦扰。我拄着拐杖四处走走停停，不时抬头远望云天。白云悠闲地从山间飘起，鸟儿飞倦了也知道归巢。夕阳渐渐昏暗，将要躲进山的那边，我抚摸着孤傲的青松流连忘返。

回去吧，请让我同外界断绝一切往来。世俗既然与我的本性格格不入，再驾车外出又去追求些什么呢？跟亲戚说说知心话让我感到很开心，弹琴读书能让我消除烦闷忘记忧愁。农人告诉我春天来了，将要到西边的田地去春耕。有时我乘坐一辆篷车，我划着一叶扁舟。既沿着幽深曲折的溪水探寻山谷，也会经过高低

不平的山丘。那时节草木生机勃勃十分茂盛，潺潺的清泉缓缓地流淌着。真羡慕自然万物恰逢繁荣滋长的时节，感慨自己的生命将要走到尽头。

算了吧，人寄身在天地之间还会有多少时日，为什么不随心所欲，听凭自然地生死呢？为什么要整日心神不定，还想要到哪里去呢？追逐荣华富贵不是我的心愿，修仙成神是没有希望的。爱惜美好的时光独自游赏，有时扶着拐杖，除草培苗。登上东面的高岗纵情长啸，来到清澈的水边尽情吟诗。姑且顺应自然的变化走向生命的尽头，高高兴兴地接受自然的安排，又有什么可疑虑的呢！

种树郭橐驼[1]传

唐 · 柳宗元

郭橐驼，不知始何名。病偻，隆然伏行，有类橐驼者，故乡人号之“驼”。驼闻之曰：“甚善。名我固当。”因舍其名，亦自谓“橐驼”云。

其乡曰丰乐乡，在长安西。驼业种树，凡长安豪富人为观游及卖果者，皆争迎取养。视驼所种树，或移徙，无不活；且硕茂，早实以蕃。他植者虽窥伺效慕，莫能如也。

有问之，对曰：“橐驼非能使木寿且孳[2]也，能顺木之天，以致其性焉尔。凡植木之性，其本欲舒，其培欲平，其土欲故，其筑欲密。既然已，勿动勿虑，去不复顾。其莳也若子，其置也若弃，则其天者全而其性得矣。故吾不害其长而已，非有能硕茂之也；不抑耗其实而已，非有能早而蕃之也。他植者则不然。根拳而土易，其培之也，若不过焉则不及。苟有能反是者，则又爱之太恩，忧之太勤。旦视而暮抚，已去而复顾。甚者，

---

① 橐（tuó）驼：即骆驼，郭橐驼因驼背而得此名。

② 孳（zī）：滋长、繁殖。

爪其肤以验其生枯，摇其本以观其疏密，而木之性日以离矣。虽曰爱之，其实害之；虽曰忧之，其实仇之：故不我若也。吾又何能为哉？”

问者曰：“以子之道，移之官理，可乎？”驼曰：“我知种树而已，理，非吾业也。然吾居乡，见长[①] 人者好烦其令，若甚怜焉，而卒以祸。旦暮吏来而呼曰：‘官命促尔耕，勖[②] 尔植，督尔获，早缫而绪[③]，早织而缕，字而幼孩，遂而鸡豚。’鸣鼓而聚之，击木而召之。吾小人辍飧饔[④] 以劳吏者，且不得暇，又何以蕃吾生而安吾性耶？故病且怠。若是，则与吾业者其亦有类乎？”

问者曰：“嘻，不亦善夫！吾问养树，得养人术。”传[⑤] 其事以为官戒也。

---

① 长（zhǎng）：治理。

② 勖（xù）：勉励。

③ 早缫（sāo）而绪：早早地让你们煮蚕茧抽取蚕丝。

④ 飧（sūn）饔（yōng）：晚饭、早饭。

⑤ 传（zhuàn）：记载。

译文

郭橐驼这个人，不知道他原先叫什么名字。因为他患有驼背病，总是驼背低头弯腰地走路，有点儿像骆驼，所以乡里人都叫他郭橐驼。他听到后说：“很好嘛！这样叫我确实恰当。”于是他舍弃了原来的名字，也自称作橐驼了。

他的家乡叫丰乐乡，在长安城西边。郭橐驼以种树为职业，凡是长安豪门富户为观赏游乐而在花园、庭院中栽种树木，以及那些靠种植果树为生的人，都争着请他到家中。大家看到郭橐驼栽种或移植的树木，没有一棵不成活的，而且长得高大茂盛，果实结得又早又多。别的种树人虽然暗中仿效他的做法，但都比不上他。

有人问他有什么诀窍，郭橐驼回答说：“我郭橐驼并不能使树木活得长久、长得繁茂，只不过能够顺着树木的生长规律，让它按照本性自由地去生长罢了。大体说来种植树木的规律是：树根要舒展，培土要均匀，根部要保留原有的旧土，树根周围的泥土要捣得结实。这样种好以后，就不要再去摇动它，也不必担心它，尽可以离开它不要再照看了。在栽种的时候要像抚育子女一样细心，种好以后就像丢弃它那样搁置一旁，那样树木的生长规律就得到了保全，而能按照它的本性生长了。所以说我只是不去妨害树木的生长罢了，并没有能使它长得高大茂盛的好办法；只是不去抑制和损耗它的果实罢了，并没有能使它结果结得又早又多的诀窍。别的种树人却不是这样，种的时候树根卷曲，把旧土都换成新土，培土的时候，不是过多，就是不够。即使有不这样做的人，却又对树苗爱护得太过分，担心得太多余，早上去看看，晚上去摸摸，已经离开了又回过来再瞧瞧。有些更过分的竟用指甲抠破树皮检验它究竟是死是活，摇动树干看它培土是松是紧，经过这番折腾，树木的本性就一天一天地被破坏了。这种做法，虽说是爱护它，实际恰恰是损害它；虽说是担心它，实际恰恰是与它为敌。因此他们种的树都比不上我种的。我又有什么特殊能耐呢？”

问他的人说：“把你种树的道理移用到当官治民上去，可以吗？”郭橐驼说：“我只知道种树罢了，治民理政可不是我的职业。不过我居住在乡间，看到当官的总喜欢不断地发号施令，好像很爱护百姓似的，结果却给百姓带来了灾难。差役们一天到晚不停地来喊叫：‘长官命令催促你们耕地，勉励你们种植，督促你们收割，赶快抽好你们的蚕丝，赶快把你们的纱织成布，养育好你们的孩子，喂肥你们的鸡和猪。’一会儿击鼓集合百姓，一会儿又敲梆子召集大家，弄得我们小老百姓连吃饭时都要放下碗筷去接待差役，尚且忙不过来，又怎么能使我们繁衍生息，民心安定呢？所以老百姓都十分困苦疲惫。像这样的情形，就和我从事种树的职业大概也有相似的地方吧？”

问的人赞叹说：“啊，这不是很好嘛！我问种树的道理，却得到了治民的方法。”于是，我把这件事记下来，作为官吏们的鉴戒。

五代史伶官传序

宋 · 欧阳修

呜呼！盛衰之理，虽曰天命，岂非人事哉！原庄宗之所以得天下，与其所以失之者，可以知之矣。

世言晋王之将终也，以三矢赐庄宗而告之曰："梁，吾仇也；燕王，吾所立；契丹，与吾约为兄弟，而皆背晋以归梁。此三者，吾遗恨也。与尔三矢，尔其无忘乃父之志！"庄宗受而藏之

于庙。其后用兵，则遣从事以一少牢告庙，请其矢，盛以锦囊，负而前驱，及凯旋而纳之。

方其系燕父子以组，函梁君臣之首，入于太庙，还矢先王，而告以成功，其意气之盛，可谓壮哉！及仇雠①已灭，天下已定，一夫夜呼，乱者四应，仓皇东出，未及见贼而士卒离散，君臣相顾，不知所归。至于誓天断发，泣下沾襟，何其衰也！岂得之难而失之易欤？抑本其成败之迹，而皆自于人欤？《书》曰：“满招损，谦得益。”忧劳可以兴国，逸豫可以亡身，自然之理也。

故方其盛也，举天下之豪杰，莫能与之争；及其衰也，数十伶人困之，而身死国灭，为天下笑。夫祸患常积于忽微，而智勇多困于所溺，岂独伶人也哉？

① 仇雠（chóu）：仇人。

译文

唉！国家强盛和衰亡的道理，虽说是出于天命的主宰，难道不也是人力作用的缘故吗？推究后唐庄宗得到天下和失掉天下的原因，就可以懂得这个道理。

世上传说，晋王李克用临终之际，把三支箭赐给庄宗，并告诉他说：“梁，是我的仇敌；燕王，是我举荐扶植起来的；契丹曾经和我订立盟约结为兄弟，可是他们都背叛我而归附于梁。这三件事，是我到死还感到悔恨的事情。给你三支箭，你一定不要忘了你父亲的志愿。”庄宗接过了这三支箭，并把它们收藏在太庙里。此后每逢打仗，就派遣官员用羊和猪各一头去祭祀太庙，恭敬地取出他父亲留下的箭，装在锦囊里面，背着箭走在队伍的前面，等获胜归来再把箭送回太庙收藏。

当庄宗用绳索捆着燕王父子，用木盒装着梁王君臣的人头，送进太庙，祭拜祖先，把箭供在先王灵前，向先王报告大功告成的时候，意气昂扬，真是豪壮极了！等到仇敌已经被消灭，天下已经被平定，只是一个普通人在夜间振臂一呼，叛乱的人便从四方响应，于是庄宗张皇失措地向东出逃，还没看见叛贼，将士就已经溃散，君臣面面相觑，不知该往何处去，以至于剩下的那些将领只落得割下自己的头发，对天发誓以死尽忠，君臣相泣，泪湿衣襟，这是多么凄惨衰败呀！难道是得到天下艰难而失去天下容易吗？或许推究他的成功和失败，都出自人的缘故吧？《尚书》里说："骄傲自满常招来损害，谦虚谨慎使人获得益处。"忧患辛劳可以使国家兴盛，安逸享乐能够使自身灭亡，这是自然的道理。

因此，当庄宗强盛的时候，普天下的英雄豪杰都不能够与他抗争；到衰败落魄的时候，几十个伶人围困他，他就落得个身死国灭，被天下人耻笑的下场。祸患常常是由一些微小的事积累而成的，富有智慧勇气的人往往被自己溺爱的人或事所困扰，难道只有伶人才如此吗？

石钟山记

宋 · 苏轼

《水经》云："彭蠡[①] 之口有石钟山焉。"郦元以为下临深潭，微风鼓浪，水石相搏，声如洪钟。是说也，人常疑之。今以钟磬置水中，虽大风浪不能鸣也，而况石乎！至唐李渤始访其遗踪，得双石于潭上，扣而聆之，南声函胡[②]，北音清越，桴[③] 止响腾，余韵徐歇。自以为得之矣。然是说也，余尤疑之。石之铿然[④] 有声者，所在皆是也，而此独以钟名，何哉？

元丰七年六月丁丑，余自齐安舟行适临汝，而长子迈将赴饶之德兴尉，送之至湖口，因得观所谓石钟者。寺僧使小童持斧，于乱石间择其一二扣之，硿硿[⑤] 焉，余固笑而不信也。至莫夜月明，独与迈乘小舟，至绝壁下。大石侧立千尺，如猛兽奇鬼，森然欲搏人。而山上栖鹘[⑥]，闻人声亦惊起，磔磔[⑦] 云霄间。又

① 彭蠡（lǐ）：湖名，即今江西鄱阳湖。
② 函胡：通"含糊"，模糊不清。
③ 桴（fú）：鼓槌。
④ 铿（kēng）然：形容敲击金石所发出的响亮的声音。
⑤ 硿（kōng）硿：象声词。击打石头的声音。
⑥ 鹘（hú）：一种鹰类猛禽。
⑦ 磔（zhé）磔：鸟鸣声。

有若老人咳且笑于山谷中者，或曰：“此鹳鹤[1] 也。”余方心动欲还，而大声发于水上，噌吰[2] 如钟鼓不绝。舟人大恐。徐而察之，则山下皆石穴罅[3] ，不知其浅深，微波入焉，涵澹澎湃而为此也。舟回至两山间，将入港口，有大石当中流，可坐百人，空中而多窍，与风水相吞吐，有窾坎镗鞳[4] 之声，与向之噌吰者相应，如乐作焉。因笑谓迈曰：“汝识[5] 之乎？噌吰者，周景王之无射[6] 也；窾坎镗鞳者，魏庄子之歌钟也。古之人不余欺也！”

事不目见耳闻而臆断其有无，可乎？郦元之所见闻殆与余同，而言之不详；士大夫终不肯以小舟夜泊绝壁之下，故莫能知；而渔工水师虽知而不能言，此世所以不传也。而陋者乃以斧斤考击而求之，自以为得其实。余是以记之，盖叹郦元之简，而笑李渤之陋也。

---

① 鹳（guàn）鹤：水鸟名。

② 噌（chēng）吰（hóng）：象声词。这里形容钟声洪亮。

③ 罅（xià）：裂缝。

④ 窾（kuǎn）坎镗（tāng）鞳（tà）：窾坎，击物声。镗鞳，钟鼓声。

⑤ 识：通“志”，记住。

⑥ 无射（yì）：钟名。

译文

《水经》上说："鄱阳湖的出口处有一座石钟山。"郦道元认为之所以叫"石钟山"，是因为这座山下临深潭，微风吹起水浪，湖水和石头相互撞击，发出像洪钟一般的声音。这种说法，人们常常怀疑它的正确性。如今把钟和磬放在水里，即使有大风大浪也不能使它们发出响声来，更何况是石头呢？到了唐朝，李渤才去察访石钟山的遗迹，他在潭上找到两块石头，一面敲击一面听它发出的声音，他发现南边的那块石头发出的声音厚重而模糊，北边的那块石头发出的声音清亮而高亢，鼓槌停止敲击后，声音还在回荡，余音慢慢地才消逝。李渤自认为找到了石钟山命名的缘由了。但是这种说法，我对它更加怀疑。能够发出铿铿声音的石头，到处都是，但只有这座山偏偏用"钟"来命名，是什么原因呢？

元丰七年六月初九，我从齐安坐船到临汝去，同时大儿子苏迈要到饶州的德兴县去任县尉，我送他到石钟山的所在地湖口，因而有机会能够看到被称作“石钟”的那座山。寺庙里的和尚让一个小童拿着斧头，在乱石堆里挑出其中的一两块石头来敲打，发出硿硿的声响。我只是笑笑，不相信石钟山因此得名。到了夜晚，月色明亮，我单独和儿子苏迈坐着小船划至石钟山陡峭的石壁下。巨大岩石倾斜地耸立在水边，仿佛有千尺之高，形态犹如凶猛的野兽、奇特的鬼怪，阴森森地像要扑击人似的。而山上栖息着的鹘鸟，听到人的声音，也惊恐地飞起来，在云间发出磔磔的鸣叫。又有像老人边咳嗽边笑的声音在山谷中回响，有人说：“这是鹳鹤。”正当我心里有些害怕，准备返回的时候，忽然听到从水面上发出一种巨大的声音，像钟鼓的声音，响个不停。船夫十分害怕。我慢慢地察看，发现山下都是石头洞和石头缝隙，也看不出它们的深浅，微小的波浪涌进去，在里面流转回荡，相互撞击，就发出了这种声音。我们的小船转回到两山之间，快要进入湖水的分流处，有块巨大的石头横挡在水流中央，石头上面大约可坐百人。这块大石，中间是空的，而且有许多孔穴，风卷着水灌进大石之中，一吞一吐，发出时而沉闷时而响亮的声音，与刚才听到的类似钟鼓之声互相应和，好像正在演奏音乐。于是我笑着对苏迈说：“你还记得吗？这沉郁的声音，像是周景王无射钟所发出的声音；这洪亮的声音，像是魏庄子的歌钟所发出的声音。古人管这座山叫‘石钟山’并没有欺骗我们啊！”

凡事不是亲眼所见、亲耳所闻，就凭想象来判断它是否存在，可以吗？郦道元的所见所闻大概和我相同，但是他讲得不够详细具体；一般士大夫又始终不愿意像我这样夜晚乘小船来到绝壁之下仔细观察，所以没有人知道真实情况；而渔翁船夫，即使知道

真相却又不能说出其中的道理。这就是石钟山命名的真实原因不能在世上流传的道理，而那些见识浅陋的人竟然拿着斧头敲击石头来寻求石钟山命名的真相，还自认为得到了真正的答案。我因此把这次探察情况记下来，既叹惜郦道元记述的简略，又笑李渤见识的浅陋。

《老子》八章

1. 上善若水。水善利万物而不争，处众人之所恶，故几于道。居善地，心善渊，与善仁，言善信，正善治，事善能，动善时。夫唯不争，故无尤。（第八章《上善若水》）

2. 五色令人目盲，五音令人耳聋，五味令人口爽，驰骋畋[1]猎令人心发狂，难得之货令人行妨。是以圣人为腹不为目，故去彼取此。（第十二章《五色令人目盲》）

3. 古之善为士者，微妙玄通，深不可识。夫唯不可识，故强为之容：豫兮，若冬涉川；犹兮，若畏四邻；俨兮，其若客；涣兮，若冰之将释；敦兮，其若朴；旷兮，其若谷；混兮，其若浊。孰能浊以静之徐清？孰能安以动之徐生？保此道者不欲盈。夫唯不盈，故能蔽而新成。（第十五章《古之善为士者》）

4. 曲则全，枉[2]则直，洼则盈，敝则新，少则得，多则惑。是以圣人抱一为天下式[3]。不自见，故明；不自是，故彰；不自伐，故有功；不自矜，故长。夫唯不争，故天下莫能与之争。古之所

---

① 畋（tián）：打猎。

② 枉：弯。

③ 式：范式。

谓“曲则全”者，岂虚言哉！诚全而归之。（第二十二章《曲则全》）

5. 企[①] 者不立，跨者不行，自见者不明，自是者不彰，自伐者无功，自矜者不长。其在道也，曰余食赘形，物或恶之，故有道者不处也。（第二十四章《企者不立》）

6. 善行无辙迹，善言无瑕谪，善数不用筹策，善闭无关楗[②]而不可开，善结无绳约而不可解。是以圣人常善救人，故无弃人；常善救物，故无弃物，是谓袭明。故善人者，不善人之师；不善人者，善人之资。不贵其师，不爱其资，虽智大迷。是谓要妙。（第二十七章《善行无辙迹》）

7. 知人者智，自知者明。胜人者有力，自胜者强。知足者富。强行者有志。不失其所者久。死而不亡者寿。（第三十三章《知人者智》）

8. 信[③] 言不美，美言不信。善者不辩，辩者不善。知者不博，博者不知。圣人不积，既以为人，己愈有，既以与人，己愈多。故天之道，利而不害；人之道，为而弗争。（第八十一章《信言不美》）

① 企：踮起脚跟。
② 关楗（jiàn）：门闩。
③ 信：真实。

译文

1. 有崇高德行的人好像水一样。水有利于万物而不和万物相争，停留在人们所厌恶的地方，所以接近于道。选择居所时善于选择地方，心胸善于保持沉静，交友待人时善于与人真诚相见，说话时讲究信用，为政简明清楚，处事时善于发挥所长，行动时善于掌握时机。正因为有水那样不争的美德，所以能避免失误。

2. 缤纷的色彩让人眼花缭乱；嘈杂的音调让人听觉受损；饮食无度让人舌不知味；纵情打猎让人狂躁不安；稀有的物品让人行为不轨。因此，圣人治理国家，只关注民众能否温饱而不追逐犬马声色的娱乐，所以能抛弃物欲的诱惑，保持安宁的生活。

3. 古时候善于行道的人，精妙通达，幽远深刻，难以认识。正因为难以认识，所以勉强来形容他：小心审慎啊，他如同冬天涉足江河；警觉戒惕啊，他如同提防邻国的围攻；拘谨严肃啊，他如同到别人家做宾客；温和可亲啊，他如同冰雪消融；淳厚忠实啊，他如同未经雕琢的素材；空旷宽广啊，他如同深深的山谷；

浑朴纯厚啊，他如同混浊的水。谁能在动荡中安静下来，慢慢地澄清？谁能在安定中变动起来，慢慢地生长变化？保持这些道的人，不肯自满。只因他不自满，所以才能够去旧更新。

4. 委曲才能保全自己，有屈就才能伸展，能处于低洼才能充盈，破旧才能生新，少取才能多得，贪多会让人迷惑。所以有道的人坚持守一不变的法则，以此作为治理天下的范式。不固持己见，所以能认清真相；不自以为是，所以能明辨是非；不自我夸耀，所以能有所成就；不自高自大，所以能长久发展。正因为不跟别人争，所以天下没有人能和他争。古人所说的“委曲才能保全”等话，怎么会是空话呢！圣人确实能做到，所以天下归附他。

5. 踮起脚跟想站得高，是站不牢的；跨步前进，想走得快，是走不远的；自逞己见，想表现自己，反而不能明白事理；自以为是，反而不得彰显自己；自我夸耀，反而不能见功；自高自大，反而不得长久。从道的观点来看，以上这些急躁炫耀的行为，可以说都是剩饭、赘瘤一样的东西，招人厌恶，所以有道的人不会这样做。

6. 善于行走的人，不留下痕迹；善于言谈的人，不留下过失；

善于计算的人，不使用筹码；善于关闭的人，不用门闩却使人打不开；善于打结的，不用绳索却使人解不开。因此，有道的人经常善于做到人尽其才，所以没有被遗弃的人；经常善于做到物尽其用，所以无物不用，这就叫作保持清明的境界。所以善人可以作为不善的人的老师，不善的人可以作为善人的借鉴。不尊重他的老师，不珍惜他借鉴的对象，虽然自以为聪明，其实是糊涂。这真是个精妙深奥的道理。

7. 了解别人，是“智”；了解自己，是“明”。战胜别人，是有力量；战胜自己，是真正的坚强。知道满足，是富有；努力自强，是有志。不失掉根基，就能长久。肉体消亡，精神不死，才是真正的长寿。

8. 真话不好听，好听的话不真实。善良的人不巧辩，巧辩的人不善良。真正了解的人不广博，广博的人不能真正了解。有道的人不私自积藏，总是尽量帮助别人，自己反而更富有；尽量给予别人，自己反而更丰富。所以自然的规律，是对万物有利而无害；有道的人在世间行事，是有所作为而无所争夺。

季氏将伐颛臾[1]

《论语》

季氏将伐颛臾。冉有、季路见于孔子曰："季氏将有事于颛臾。"

孔子曰："求！无乃尔是过与？夫颛臾，昔者先王以为东蒙主，且在邦域之中矣，是社稷之臣也。何以伐为？"

冉有曰："夫子欲之，吾二臣者皆不欲也。"

孔子曰："求！周任有言曰：'陈力就列，不能者止。'危而不持，颠而不扶，则将焉用彼相矣？且尔言过矣，虎兕出于柙[2]，龟玉毁于椟中，是谁之过与？"

冉有曰："今夫颛臾，固而近于费。今不取，后世必为子孙忧。"

孔子曰："求！君子疾夫舍曰欲之而必为之辞。丘也闻有国有家者，不患寡而患不均，不患贫而患不安。盖均无贫，和无寡，安无倾。夫如是，故远人不服，则修文德以来之。既来

---

① 颛（zhuān）臾（yú）：鲁国的附庸国，在今山东费县西北。

② 兕（sì）：犀牛。柙（xiá）：笼子。

之，则安之。今由与求也，相夫子，远人不服、而不能来也；邦分崩离析，而不能守也；而谋动干戈于邦内。吾恐季孙之忧，不在颛臾，而在萧墙之内也。”

译文

季氏将要攻打颛臾。冉有、子路两人拜见孔子，说：“季氏将要对颛臾动手了。”

孔子说：“冉求，恐怕该责备你吧？那颛臾，先王让他主持东蒙山的祭祀，而且它就在国境之内，这正是和鲁国安危与共的藩属，为什么要去攻打它呢？”

冉有说：“季孙他老人家要这么干，我们两个都是不愿意的。”

孔子说：“冉求！周任有过这样的话：‘掂量掂量自己的分量，觉得行，就干；不行的话，就放手。’好比盲人遇到危险，不去搀扶他；盲人摔倒了，不去扶起他，还要那助手干什么呢？况且你的话说错了，老虎、犀牛从囚笼里逃脱，龟壳美玉在盒子里毁坏，这是谁的过错呢？”

冉有说：“现在那颛臾，城墙坚固，离费又非常近。如今不去占领，后世一定会遗祸子孙。”

孔子说：“冉求！有修养的人讨厌那种不说自己贪得无厌却非要找些说辞的做法。我听说过：有国家或有封地的人，不必担心衣食太少，只担心不平均；不必担心贫困，只担心不安定。因为如果平均了，就没有所谓的贫穷；社会和谐了，就不会缺衣少食；和平安定了，社稷就不会覆亡。这些都做好了，远方的人还不归顺，再发展文教礼乐来招致他们。招来他们之后，就使他们安心。如今仲由和冉求两人辅佐季孙，远方的人不归服，却不能招致；国家土崩瓦解，却不能保全；反而要在国境之内大动干戈。我担心，季孙忧虑的不是颛臾，而是在鲁国内部。”

大学（古之欲明明德于天下者）

《礼记》

大学之道，在明[①]明德，在亲民[②]，在止于至善。知止而后有定，定而后能静，静而后能安，安而后能虑，虑而后能得。物有本末，事有终始，知所先后，则近道矣。

古之欲明明德于天下者，先治其国。欲治其国者，先齐其家。欲齐其家者，先修其身。欲修其身者，先正其心。欲正其心者，先诚其意。欲诚其意者，先致其知，致知在格物。物格而后知至，知至而后意诚，意诚而后心正，心正而后身修，身修而后家齐，家齐而后国治，国治而后天下平。自天子以至于庶人，壹是皆以修身为本。

---

① 明：彰显。

② 亲民：即新民，使天下人去旧更新。

乾隆御覽之寶

译文

大学的指导原则，在于彰显人固有的德行，让人去旧图新，而接近至善至美的终极目标。知道应达到的目标后才有确定的方向，确定了方向后才能心态平和，心态平和后才能情性安定，情性安定后才能思虑周详，思虑周详后才能处事得当，至于美善。万物都有根本有枝节，凡事都有完结有开端，能知道事物的本与末、始与终，就接近于事物发展之“道”了。

古代有想要在天下彰显自己的德行的，就要先治理好自己的国家；想要治理好自己的国家，就要先管理好自己的家族；想要管理好自己的家族，就要先修养自身的品德；想要修养自身的品德，就要先端正自己的内心；想要端正自己的内心，就要先使自己的意念真诚；想要使自己的意念真诚，就要先学习获得知识；想要学习获得知识，就要先探究事物内含的道理。事物的道理得到探究后，才能获得真知；获得真知而后才能使意念真诚；意念真诚而后才能使内心端正；内心端正而后才能做到自身的修养；修养自身而后才能管好自己的家族；管好自己的家族，而后才能治理好国家；治理好国家，而后才能做到天下太平。上到天子，下到普通人，都把修养自身作为根本的事情。

《中庸》两则

《礼记》

1. 喜怒哀乐之未发，谓之中；发而皆中[①] 节，谓之和。中也者，天下之大本也；和也者，天下之达道也。致中和，天地位焉，万物育焉。

2. 博学之，审问之，慎思之，明辨之，笃行之。有弗学，学之弗能，弗措[②] 也；有弗问，问之弗知，弗措也；有弗思，思之弗得，弗措也；有弗辨，辨之弗明，弗措也；有弗行，行之弗笃，弗措也。人一能之，己百之；人十能之，己千之。

---

① 中：合乎。

② 措：放置。

译文

1. 人的喜怒哀乐尚未表现出来，叫它“中”；表现出来而都能合乎法度，叫它“和”。中，是天下的根本；和，是使天下顺通畅达之道。达到了中和，天地之间的一切各居其位，万物就都能发育生长了。

2. 广泛学习，深入探问，慎重思考，清楚分辨，切实实行。因为某些原因而未能学习，或者是学了未能理解掌握，也不把它扔在一边；因为某些原因而未能提问，或者是问了却没有深刻理解，也不把它扔在一边；因为某些原因而未能思考，或者是思考了而没有得到结果，也不把它扔在一边；因为某些原因而未能辨识，或者是辨识了却没有明晰，也不把它扔在一边；因为某些原因而未能实行，或者实行了却未能彻底，也不把它扔在一边。聪明人学一遍就会的事，自己用功地学上百遍；聪明人学十遍就会的事，自己用功地学上千遍。

我善养吾浩然之气

《孟子 · 公孙丑上》

（公孙丑问曰）：“敢问夫子恶乎长[①]？”

曰：“我知言，我善养吾浩然之气。”

“敢问何谓浩然之气？”

曰：“难言也。其为气也，至大至刚，以直养而无害，则塞于天地之间。其为气也，配义与道；无是，馁[②]也。是集义所生者，非义袭而取之也。行有不慊[③]于心，则馁矣。我故曰，告子未尝知义，以其外之也。必有事焉，而勿正，心勿忘，勿助长也。无若宋人然：宋人有闵[④]其苗之不长而揠之者，芒芒然归，谓其人曰：‘今日病矣！予助苗长矣！’其子趋而往视之，苗则槁矣。天下之不助苗长者寡矣。以为无益而舍之者，不耘苗者也；助之长者，揠苗者也——非徒无益，而又害之。”

---

① 恶（wū）乎长：擅长哪一方面。

② 馁：软弱。

③ 慊（qiè）：通“惬”，满意。

④ 闵：通“悯”，忧虑。

“何谓知言？”

曰：“诐[1] 辞知其所蔽，淫辞知其所陷，邪辞知其所离，遁辞知其所穷。——生于其心，害于其政；发于其政，害于其事。圣人复起，必从吾言矣。”

① 诐（bì）：偏颇。

译文

（公孙丑问道）：“我冒昧地问一下，老师擅长哪一方面？”

孟子说：“我善于分析别人的言辞，还善于培养我的浩然之气。”

“再冒昧地问一下，什么叫作‘浩然之气’呢？”

孟子说：“这个很难讲清楚。它作为一种气呀，是最浩大、最刚强的，用正直去培养它，让它没有损害，它就会充塞在天地之间。这种气呀，与道和义是密切配合的；而缺乏它，道和义就没有力量了。这种气是积累了正义而产生的，不是偶然的正义行为所能取得的。只要有一次于心有愧的行为，它就疲软了。所以我说，告子是不懂得什么是义的，因为他把义看作外在于心的东西。一定要培养它，却不刻意扶持；要时刻记着它，却不勉强助它成长——不要学那个宋国人的样子。宋国有一个人，担心禾苗生长不高，而把它拔高了。他疲惫地回到家，对家里人说：‘今天累坏了！我帮助禾苗长高了！’他儿子赶忙跑去一看，禾苗全都枯萎了。其实世上不帮助禾苗生长的人是很少的。那些认为没好处而放弃不干的，就是种庄稼不锄草的懒人；那些不按照规律去‘帮助’禾苗生长的，就是拔苗的人——这么做非但没有好处，反而害了它。”

公孙丑问：“什么叫作‘善于分析别人的言辞’？”

孟子答道：“说得不全面的话我知道它哪里片面；说得过分的话我知道它哪里有失误；不合正道的话我知道它哪里有偏离；躲躲闪闪的话我知道它哪里理屈词穷。这四种话，如果从内心产生，必然会危害政事；如果体现在政治措施上，就会危害具体工作。即使圣人再出现，也一定会同意我这话的。”

逍遥游（节选）

《庄子》

北冥有鱼，其名为鲲。鲲之大，不知其几千里也；化而为鸟，其名为鹏。鹏之背，不知其几千里也；怒而飞，其翼若垂天之云。是鸟也，海运则将徙于南冥。南冥者，天池也。《齐谐》者，志怪者也。《谐》之言曰：“鹏之徙于南冥也，水击三千里，抟[①] 扶摇而上者九万里，去以六月息者也。”野马也，尘埃也，生物之以息相吹也。天之苍苍，其正色邪？其远而无所至极邪？其视下也，亦若是则已矣。

且夫水之积也不厚，则其负大舟也无力。覆杯水于坳堂之上，则芥为之舟，置杯焉则胶，水浅而舟大也。风之积也不厚，则其负大翼也无力。故九万里，则风斯在下矣，而后乃今培风；背负青天，而莫之夭阏[②] 者，而后乃今将图南。

蜩与学鸠笑之曰：“我决起而飞，抢榆枋而止，时则不至，而控于地而已矣，奚以之九万里而南为？”[③] 适莽苍者，三餐

① 抟（tuán）：盘旋。

② 夭阏（è）：阻挡。

③ 蜩（tiáo）：蝉。决（xuè）：快速的样子。抢（qiāng）：碰撞。榆（yú）枋（fāng）：两种树名。

而反，腹犹果然；适百里者，宿舂粮；适千里者，三月聚粮。之二虫又何知！

小知不及大知[1]，小年不及大年。奚以知其然也？朝菌不知晦朔，蟪蛄[2]不知春秋，此小年也。楚之南有冥灵者，以五百岁为春，五百岁为秋；上古有大椿者，以八千岁为春，八千岁为秋，此大年也。而彭祖乃今以久特闻，众人匹之，不亦悲乎！汤之问棘也是已。穷发之北，有冥海者，天池也。有鱼焉，其广数千里，未有知其修者，其名为鲲。有鸟焉，其名为鹏，背若泰山，翼若垂天之云，抟扶摇羊角而上者九万里，绝云气，负青天，然后图南，且适南冥也。斥鴳[3]笑之曰："彼且奚适也？我腾跃而上，不过数仞而下，翱翔蓬蒿之间，此亦飞之至也。而彼且奚适也？"此小大之辩也。

故夫知效一官，行比一乡，德合一君，而[4]征一国者，其自视也，亦若此矣。而宋荣子犹然笑之。且举世誉之而不加劝，举世非之而不加沮，定乎内外之分，辩乎荣辱之境，斯已矣。

---

① 知：通"智"。

② 蟪（huì）蛄（gū）：寒蝉。

③ 斥鴳（yàn）：一种小鸟。

④ 而：通"耐"，能。

彼其于世，未数数然也①。虽然，犹有未树也。夫列子御风而行，泠然善也，旬有五日而后反。彼于致福者，未数数然也。此虽免乎行，犹有所待者也。若夫乘天地之正，而御六气之辩，以游无穷者，彼且恶乎待哉？故曰：至人无己，神人无功，圣人无名。

① 数（shuò）数然也：拼命追求的样子。

译文

北海有一条鱼，它的名字叫作鲲。鲲的体积巨大，不知道它大到几千里；鲲变化而成鸟，它的名字叫作鹏。鹏的脊背，不知道它长到几千里；鹏鸟振翅奋飞的时候，那展开的翅膀像悬挂在天空的云。这只鹏鸟呀，海上波涛涌动的时候，就将要借助风力迁徙到南海。南海，是个天然形成的大水池。《齐谐》，是一部专门记载怪异的事物的书。这本书的记载说："鹏鸟迁徙到南方的大海，在水面上振动翅膀拍水，激起三千里的波涛，乘着旋风环旋飞上几万里的高空，凭借着六月的大风才能离开。"山野中的雾气，空中的尘埃，都是生物用气息相吹拂的结果。天色深蓝，是它的真正颜色呢？还是因为天高远而看不到尽头呢？鹏在天空往下看，也不过像这样罢了。

再说，如果水汇积不深，那么它负载大船就没有力量。如果倒一杯水在堂上低洼之处，那么小小的芥草可以给它当作船，放个杯子，就着地不动了，因为水太浅而船太大了。如果风聚积的力量不雄厚，那么它负载巨大的翅膀便力量不够。所以，鹏鸟高飞九万里，风就在它的身下负载鹏翼，然后才开始凭借风力飞行；背负着青天，而没有什么力量能够阻遏它，然后才计划向南方飞。

蝉与斑鸠嘲笑鹏鸟说：“我一下子起飞，触碰到榆树和檀树就停下来，有时或者还飞不到树的高度，就落在地上罢了，哪里用飞到九万里的高处再往南去呢？”到近郊野外去，带上三餐就可以往返，肚子还是饱饱的样子；到百里之外的地方去，出发前要用一整夜时间捣米储食，准备干粮；到千里之外的地方去，出发前三个月就储备干粮。这两个小东西又懂得什么呢！

小聪明比不上大智慧，短寿命比不上长寿命。凭什么知道它是这样的呢？朝菌不知道一月的时间变化，蟪蛄不知道一年的时间变化，这是短寿命的例子。楚国南边有叫冥灵的大树，它把五百年当作一春，把五百年当作一秋；上古有叫大椿的古树，它把八千年当作一春，把八千年当作一秋，这是长寿命的例子。而活了八百岁的彭祖到如今独以长寿为人所知，一般人和他比，这不是很可悲的吗？商朝开国之君商汤询问当时的贤人棘的话就是这样。在那传说中极荒远的不生草木地方的北边，有很深的大海，这是个天然形成的大水池。在那里有一种鱼，它的身子有几千里宽，没有人能够知道它有多长，它的名字叫作鲲。在那里有一种鸟，它的名字叫作鹏，它的脊背像泰山一样，翅膀就像悬挂在天空的云，鹏鸟奋起而飞，乘着旋风环旋飞上几万里的高空，直上穿过云气，背负着青天，这才计划向南飞去，将要飞到南海。斥鴳嘲笑鹏鸟说："它将要飞到哪儿去呢？我跳起来往上飞，不过几丈高就落下来，在蓬蒿丛中盘旋飞舞，这也是我飞翔的最高限度了。而它将要飞到哪儿去呢？"这就是小与大的区别了。

所以有些人才智能胜任一官之职，善行能使一乡的人都与他亲近，品德可使一位国君满意而能获得一国人的信任，他们看待自己，也像是这样哩。（上述四种人他们自己很得意，其实和斥鴳一样所见甚小。）宋荣子嗤笑他们。而且世人都称赞宋荣子，他却并不因此而越发奋勉；世人都批评宋荣子，他却并不因此而更加沮丧。宋荣子认清楚自我与外物的区别，辨明荣辱的界限，至此而止。他在世间，没有追求什么。虽然如此，他还有东西没树立起来。那列子能驾风行走，样子轻快美好，十五天后方才返回。他对于招福之事，没有拼命追求。列子乘风，虽然免于步行，可是非有风则不能行，还是有所依靠的。至于顺应天地万物之性，驾驭六气的变化，遨游在无始无终的时间，无边无际的空间中的人，他还依靠什么呢？因此说，道德修养高尚的“至人”能够达到忘我的境界，精神世界完全超脱物外的“神人”心目中没有功名和事业，思想修养臻于完美的“圣人”从不去追求名誉和地位。

谏逐客书

秦 · 李斯

臣闻吏议逐客，窃以为过矣。昔缪公[①] 求士，西取由余于戎，东得百里奚于宛[②]，迎蹇叔[③] 于宋，求丕豹、公孙支于晋。此五子者，不产于秦，而缪公用之，并国二十，遂霸西戎。孝公用商鞅之法，移风易俗，民以殷盛，国以富强，百姓乐用，诸侯亲服，获楚、魏之师，举地千里，至今治强。惠王用张仪之计，拔三川之地，西并巴、蜀，北收上郡，南取汉中，包九夷，制鄢、郢[④]，东据成皋之险，割膏腴之壤，遂散六国之从，使之西面事秦，功施[⑤] 到今。昭王得范雎[⑥]，废穰侯，逐华阳，强公室，杜私门，蚕食诸侯，使秦成帝业。此四君者，皆以客之功。由此观之，客何负于秦哉？向使四君却客而不内[⑦]，疏士而不用，

---

① 缪（mù）公：即秦穆公。

② 宛（yuān）：楚国邑名，在今河南南阳市。

③ 蹇（jiǎn）叔：秦穆公厚礼所聘的大夫。

④ 郢（yǐng）：楚国都城。

⑤ 施（yì）：延续。

⑥ 范雎（jū）：魏国人，秦昭王的相。

⑦ 内：同“纳”。

是使国无富利之实，而秦无强大之名也。

今陛下致昆山之玉，有随、和之宝，垂明月之珠，服太阿之剑，乘纤离之马，建翠凤之旗，树灵鼍之鼓。① 此数宝者，秦不生一焉，而陛下说之，何也？必秦国之所生然后可，则是夜光之璧不饰朝廷，犀、象之器不为玩好，郑、卫之女不充后宫，而骏良駃騠② 不实外厩，江南金锡不为用，西蜀丹青不为采。所以饰后宫、充下陈、娱心意、说耳目者，必出于秦然后可，则是宛珠之簪、傅玑之珥、阿缟之衣、锦绣之饰不进于前；而随俗雅化、佳冶窈窕赵女不立于侧也。夫击瓮叩缶，弹筝搏髀③，而歌呼呜呜快耳者，真秦之声也；郑、卫、桑间，《韶》《虞》《武》《象》者，异国之乐也。今弃击瓮叩缶而就郑、卫，退弹筝而取《韶》《虞》，若是者何也？快意当前，适观而已矣。今取人则不然，不问可否，不论曲直，非秦者去，为客者逐。然则是所重者在乎色、乐、珠、玉，而所轻者在乎人民也。此非所以跨海内、制诸侯之术也。

① 随、和：随侯珠、和氏璧。太阿、纤离：古宝剑和骏马的名称。灵鼍（tuó）之鼓：鳄鱼皮所制的鼓。

② 駃（jué）騠（tí）：骏马的名称。

③ 搏髀（bì）：拍打大腿。

老遲洪綬

臣闻地广者粟多，国大者人众，兵强则士勇。是以太山不让土壤，故能成其大；河海不择细流，故能就其深；王者不却众庶，故能明其德。是以地无四方，民无异国，四时充美，鬼神降福，此五帝三王之所以无敌也。今乃弃黔首以资敌国，却宾客以业诸侯，使天下之士退而不敢西向，裹足不入秦，此所谓藉寇兵而赍[1] 盗粮者也。夫物不产于秦，可宝者多；士不产于秦，而愿忠者众。今逐客以资敌国，损民以益仇，内自虚而外树怨于诸侯，求国无危，不可得也。

① 赍（jī）：赠送。

译文

臣听说官员们商讨赶走全部的客卿，臣私下认为此种做法错了。从前秦穆公招贤，从西方的戎地请来由余，从东方的宛地得到百里奚，从宋国迎得蹇叔，从晋国招来丕豹、公孙支。这五个人都不是秦国人，可穆公任用他们，结果兼并了二十个小国，最终称霸西戎。秦孝公用商鞅新法，改变旧有风俗，人民因此富裕，国家因此强大，百姓愿意为国效力，各诸侯国都顺从秦国，而且打败了楚国、魏国的军队，夺取大片土地，直到现在国家依然安定、强大。秦惠王用了张仪的谋划，取得三川的土地，向西吞并了巴、蜀之地，向北取得了上郡，向南获得了汉中，吞并了九夷，控制了楚国的鄢、郢，在东面占据了成皋的险要之处，夺得了肥沃土地，拆掉了六国的合纵联盟，让他们西来侍奉秦国，这伟大的功业一直延续到如今。秦昭王得到范雎，废掉穰侯，驱逐了华阳君，加强了国君、朝廷的权力，削弱了贵戚的势力，吞并了诸侯各国，让秦国成就帝王之业。这四位国君，都是借助客卿而建立功勋。由此看来，客卿什么地方辜负了秦国呢？如果当初这四位君主拒绝客卿，不肯接纳他们，疏远外来贤士而不重用他们，这就会让国家没有强盛的实力，秦国也就不会有强大的威名了。

现在陛下得到了昆仑山的美玉，有随侯珠、和氏璧这类稀有的珍宝，身挂明月之珠，佩带太阿宝剑，乘坐纤离骏马，竖起翠凤旗帜，设置灵鼍皮鼓。这些宝贝，秦国都不出产，然而陛下却喜爱它们，这是为什么呢？如果一定要是秦国自己所出产的才可以使用，那么夜光之璧，就无法装饰在朝廷了；犀牛角和象牙制成的宝物，就无法供您赏玩了；郑国、卫国的美女，也就无法充实于您的后宫了；而骏马良驹，也无法饲养在您的马棚了；江南所产的金锡也就无法用来制作器物了；巴蜀所产的丹青，就无法用来做染料了。用以装饰后宫的珠宝、充满堂下的姬妾、娱乐心情的器具、悦人耳目的音乐和绘画等，如果一定要秦国自己所出产然后才可以使用，那么镶着宛珠的簪子、缀有珠子的耳环、东阿丝绢织成的衣物、锦绣织成的装饰品，就无法进献到您面前；而那些打扮入时、美貌艳丽、体态优美的赵国女子，也不能侍立在您身旁了。再说敲打瓦器，弹奏古筝，拍打大腿伴奏，呜呜哇哇歌唱着来娱人耳朵的，才真是秦国的音乐呢。郑国、卫国、桑间的音乐，以及《韶》《虞》《武》《象》，都是异国的乐曲啊。现在陛下不听敲击瓦器的秦地乐曲，而要听郑、卫两国的音乐，不听弹筝而听《韶》《虞》一类的乐曲，为什么这样做呢？不过是贪图一时的称心如意、宜于观赏罢了。如今您在用人方面却不是如此，不看可用还是不可用，也不论是非对错，不是秦国人的都要赶走，所有客卿全要驱逐。陛下这么做，说明您看重的只是声色珠宝，而轻视的是人民。这不是用来统一天下、制服诸侯的办法。

臣听说土地辽阔，粮食才容易富足；国家强大，人民才容易众多；兵器精良，士兵就容易勇敢。因此，泰山不舍弃泥土，才能形成它的高峻；河海不排斥涓涓细流，才能汇成它的深广；国君不拒绝庶民百姓，才能彰显他的恩义。因此，地无论东西南北，人不分国界，一年四季都富足美满，鬼神都来降福，这就是五帝三王无敌于天下的原因。现在陛下竟然抛弃百姓来帮助敌国，排斥宾客来成就别国诸侯的功业，让天下的贤士退缩而不敢到西边来，裹足不敢进入秦国，这种做法就叫作给敌人送武器，给盗贼送粮食啊！物品不出产在秦国的，值得珍惜的宝贝却很多；贤士不出生于秦国的，愿为秦国效忠的却很多。现在驱逐客卿来帮助敌人，损害百姓来增加敌人的力量，结果使自己国内空虚，对外又和诸侯结怨，这样做而想求得国家没有危险，是不可能做到的啊。

兰亭集序

晋 · 王羲之

永和九年，岁在癸丑，暮春之初，会于会稽山阴之兰亭，修禊[①] 事也。群贤毕至，少长咸集。此地有崇山峻岭，茂林修竹，又有清流激湍，映带左右，引以为流觞曲水，列坐其次。虽无丝竹管弦之盛，一觞一咏，亦足以畅叙幽情。

是日也，天朗气清，惠风和畅。仰观宇宙之大，俯察品类之盛，所以游目骋怀，足以极视听之娱，信可乐也。

夫人之相与，俯仰一世。或取诸怀抱，悟言一室之内；或因寄所托，放浪形骸之外。虽趣舍万殊，静躁不同，当其欣于所遇，暂得于己，快然自足，不知老之将至。及其所之既倦，情随事迁，感慨系之矣。向之所欣，俯仰之间，已为陈迹，犹不能不以之兴怀，况修短随化，终期于尽。古人云："死生亦大矣。"岂不痛哉！

每览昔人兴感之由，若合一契，未尝不临文嗟悼，不能喻之于怀。固知一死生为虚诞，齐彭殇为妄作。后之视今，亦犹今之视昔，悲夫！故列叙时人，录其所述，虽世殊事异，所以兴怀，其致一也。后之览者，亦将有感于斯文。

---

① 修禊（xì）：古人常在农历三月上旬巳日在水边举行祭祀活动来祓除不祥。

译文

永和九年，是癸丑年，三月初三，刚刚进入暮春时节，我们在会稽郡山阴的兰亭聚会，为的是做禊事（到水边进行消灾求福的活动）。众多贤才都会聚在这里，年龄大的小的都聚集在一起。这个地方有高大的山、险峻的岭，有茂密的树林、高高的竹子；这个地方又有清澈激荡的水流，在亭子的左右辉映环绕，我们把水引来作为漂传酒杯的环形渠水，供人们取饮。大家依次排列坐在曲水之旁，虽然没有演奏音乐的盛况，但喝着酒作着诗，也足够用来畅快地抒发幽深内藏的感情了。

这一天，天气晴朗，空气清爽，和风温柔舒畅。抬头向上观看宇宙的广大无穷，低头向下察看地上万物的繁多，用这些来纵展眼力，开畅胸怀，也足够用来极尽视听的乐趣，实在是值得高兴的事情啊。

人与人相交往，一俯一仰之间，很快便度过一生。有的人把自己的胸怀抱负，面对面在室内畅谈；有的人就着自己所爱好的事物，寄托自己的情怀，不受约束，自由放纵地生活。虽然个人的取舍、爱好不相同，安静、躁动也有不同，可是当他们对所接触的事物感到高兴时，一时感到很自得，感到高兴和自我满足，不知道老年将要到来。等到他们对于所喜爱的、津津乐道的事物已经厌倦，感情随着事物当前情况的变化而变化，感慨也就随之产生了。以前使自己感到高兴的事情，一俯一仰之间，顷刻已经变为旧迹，尚且不能不因这种情形而引起心中的感触，何况人的寿命的长短，听凭造化而有长有短，最后归结于消灭。所以古人说："生与死毕竟是每个人都要面临的大事啊。"我们怎能不悲痛呢！

每当看到古人对死生发生感慨的原因，和我所感慨的像符契那样相合，我未尝不面对着古人的文章叹息哀伤，却不能在心中明白为什么会这样。我本来知道把死和生等同起来的说法是不真实的，把长寿和短命等同起来的说法是妄造的。后来的人看待今天的人，也如同今天的人看待先前的人一样，真是可悲啊！所以我一个一个记录当时参加聚会的人，记录下他们所作的诗，纵使时代变了，世事不同了，但引起心中感触的原因，人们的思想情趣是一样的。后世的读者，也将对这次集会的诗文生发感慨。

滕王阁序

唐 · 王勃

豫章故郡，洪都新府。星分翼轸，地接衡庐。襟三江而带五湖，控蛮荆而引瓯越①。物华天宝，龙光射牛斗之墟；人杰地灵，徐孺下陈蕃之榻。雄州雾列，俊采星驰。台隍枕夷夏之交，宾主尽东南之美。都督阎公之雅望，棨戟②遥临；宇文新州之懿范，襜帷③暂驻。十旬休假，胜友如云；千里逢迎，高朋满座。腾蛟起凤，孟学士之词宗；紫电青霜，王将军之武库。家君作宰，路出名区；童子何知，躬逢胜饯。

时维九月，序属三秋。潦水尽而寒潭清，烟光凝而暮山紫。俨骖騑于上路④，访风景于崇阿。临帝子之长洲，得天人之旧馆。层峦耸翠，上出重霄；飞阁流丹，下临无地。鹤汀凫渚，穷岛屿之萦回；桂殿兰宫，即冈峦之体势。

---

① 瓯（ōu）越：今浙江永嘉一带。

② 棨（qǐ）戟（jǐ）：有套的戟，这里代指仪仗。

③ 襜（chān）帷：车上的帐幔，这里代指车马。

④ 俨（yán）骖（cān）騑（fēi）于上路：驾着车在高高的道路上前行。俨，同“严”。骖騑，驾车的马匹。

披绣闼，俯雕甍[1]，山原旷其盈视，川泽纡其骇瞩。闾阎[2]扑地，钟鸣鼎食之家；舸舰弥津，青雀黄龙之舳。云销雨霁，彩彻区明。落霞与孤鹜[3]齐飞，秋水共长天一色。渔舟唱晚，响穷彭蠡之滨；雁阵惊寒，声断衡阳之浦。

遥襟甫畅，逸兴遄[4]飞。爽籁发而清风生，纤歌凝而白云遏。睢园[5]绿竹，气凌彭泽之樽；邺水朱华，光照临川之笔。四美具，二难并。穷睇眄[6]于中天，极娱游于暇日。天高地迥，觉宇宙之无穷；兴尽悲来，识盈虚之有数。望长安于日下，目吴会于云间。地势极而南溟深，天柱高而北辰远。关山难越，谁悲失路之人？萍水相逢，尽是他乡之客。怀帝阍[7]而不见，奉宣室以何年？

嗟乎！时运不齐，命途多舛。冯唐易老，李广难封。屈贾谊于长沙，非无圣主；窜梁鸿于海曲，岂乏明时？所赖君子见机，达人知命。老当益壮，宁移白首之心；穷且益坚，不坠青云之志。

---

① 甍（méng）：屋脊。

② 闾（lǘ）阎（yán）：里巷之门。

③ 鹜（wù）：野鸭。

④ 遄（chuán）：迅速。

⑤ 睢（suī）园：西汉梁孝王的园林。

⑥ 睇（dì）眄：看。

⑦ 阍（hūn）：守门人，此处指门。

酌贪泉而觉爽，处涸辙以犹欢。北海虽赊[1]，扶摇可接；东隅已逝，桑榆非晚。孟尝高洁，空余报国之情；阮籍猖狂，岂效穷途之哭！

勃，三尺微命，一介书生。无路请缨，等终军之弱冠；有怀投笔，慕宗悫[2]之长风。舍簪笏于百龄，奉晨昏于万里。非谢家之宝树，接孟氏之芳邻。他日趋庭，叨陪鲤对；今兹捧袂[3]，喜托龙门。杨意不逢，抚凌云而自惜；钟期既遇，奏流水以何惭？

呜呼！胜地不常，盛筵难再，兰亭已矣，梓泽丘墟。临别赠言，幸承恩于伟饯；登高作赋，是所望于群公。敢竭鄙怀，恭疏短引，一言均赋，四韵俱成。请洒潘江，各倾陆海云尔。

---

① 赊（shē）：远。

② 宗悫（què）：南朝宋南阳人，年少时向叔父自述志向，云“愿乘长风破万里浪”，后因战功受封。

③ 捧袂（mèi）：举起双袖作揖。

译文

洪州是过去汉朝设置的豫章郡，是如今洪州府的所在。属于翼、轸二星所对着的地面的区域，地上的位置连接着湖南的衡山、江西的庐山。洪州以三江为衣襟，以五湖为衣带，控制着楚地，连接着瓯越。物的精华就是天的珍宝，宝剑的光气直冲天上牛、斗二星宿所在的区域；人有俊杰是因为地有灵秀之气，徐孺子竟然能够在太守陈蕃家中下榻。雄伟的大州像雾一样涌起，杰出的人才像星星一样出现。南昌城处在瓯越与中原接壤的地方，来参加这次宴会的客人和主人，都是东南一带的俊杰。有崇高声望的都督阎公远道来临，有美好德行的新州刺史宇文氏在此地暂时停留。恰好赶上十日休假的日子，才华出众的友人如云一样聚集；迎接千里而来的客人，高贵的宾客坐满了席位。文坛上众望所归的孟学士，文章的辞采有如蛟龙腾空，凤凰飞起；富有勇武和韬略的王将军，兵器库里珍藏有紫电、青霜这样锋利的宝剑。家父做交趾县的县令，我因探望父亲路过这个有名的地方；年幼无知，却有幸参加这场盛大的宴会。

当时正是九月，时序为深秋。蓄积的雨水已经消尽了，寒潭清冽；天空凝结着淡淡的云烟，暮霭中山峦呈现一片紫色。驾着车在高高的道路上前行，在高大的山陵中探访风景。到了滕王所建的高阁前的沙洲，进入滕王所建的高阁观赏。重叠的峰峦耸起一片苍翠，上达重霄；凌空架起的阁道上，涂饰的朱红色油彩鲜艳欲滴，从阁道往下看，地好像没有了似的。鹤、野鸭止息的水边平地和小洲，极尽岛屿曲折回环的景致；用桂木、木兰修筑的宫殿，高低起伏，像冈峦的样子。

打开精美的阁门，俯瞰雕饰的屋脊，放眼远望，辽阔的山岭、平原充满人的视野；纡回的河流、湖泽使人看了吃惊。房屋遍地，有不少官宦之家；船只停满渡口，有许多装饰着青雀、黄龙头形的大船。云消雨停，阳光普照，天空明朗。晚霞飘浮，孤鹜飞起，仿佛一起飞行；秋水清澈，天空开朗，水天已成一色。傍晚渔舟中传出的歌声，响彻彭蠡湖畔；雁群感到寒意而发出鸣叫，鸣叫声到衡阳之浦而停止。

登高望远的胸怀顿时舒畅，飘逸脱俗的兴致油然而生。宴会上，排箫声响起，好像清风拂来；柔美的歌声缭绕不散，遏止了白云飞动。今日的宴会，好比当年睢园竹林的聚会，在座的文人雅士，豪爽善饮的气概超过了陶渊明；今日的宴会，就像当年在邺水赞咏莲花，在座的文人雅士，文采胜过临川内史谢灵运。良辰、美景、赏心、乐事，这四种美好的事物都已经齐备，贤主、嘉宾，这两个难得的条件也齐具了。向空中极目远眺，在闲暇的日子尽情娱游。苍天高远，大地辽阔，令人感到宇宙的无穷无尽；欢乐逝去，悲哀袭来，知道事物的兴衰成败是有定数的。远望长安，遥看吴会。地势偏远，南海深邃；天柱高耸，北极星远悬。关山重重，难以越过，有谁同情不得志的人？萍水偶尔相逢，大家都是漂泊异乡之客。想念皇帝所居之处，却不被他召见，渴望奉诏于宣室，却不知在哪一年。

唉！个人的命运不好，人生的路途多有不顺。冯唐极易衰老，李广难得封侯。使贾谊遭受委屈，贬于长沙，并不是没有圣明的君主；使梁鸿逃到海边，难道不是在政治昌明的时代吗？只不过所可依赖的君子事前洞察事物的动向，通达事理的人知道自己的命运。年纪虽然老了，但志气应当更加旺盛，哪能在白发苍苍的老年改变心志？处境虽然困厄艰难，但节操应当更加坚定，决不能抛弃自己的凌云之志。即使喝下贪泉的水，仍然觉得心境清爽；即使处在奄奄待毙的时候，仍然乐观开朗。北海虽然遥远，乘着旋风还可以到达；早年的时光虽然已经逝去，珍惜将来的岁月，为时还不晚。孟尝品行高洁，却空有一腔报国热情；但我怎能效法阮籍不拘礼法，在无路可走时便恸哭而还呢。

我王勃，地位低下，身份卑微，不过是一个佩三尺绅带的书生。我虽然和终军的年龄相同，都已弱冠，却没有请缨报国的机会；我怀着投笔从军的志向，羡慕宗悫那种“乘长风破万里浪”的英雄气概。我自己宁愿舍弃一生的功名富贵，到万里以外去朝夕侍奉父亲。自己虽然并不是像谢玄那样出色的人才，但却能在今日的宴会上结识各位名士。过些时候自己将到父亲那里陪侍和聆听教诲；现在我有幸举起衣袖作揖，谒见阎公，我受到阎公的接待，十分高兴，好像登上了龙门一样。没有遇到杨得意那样引荐的人，虽有文才也只能抚拍凌云之赋而独自叹惋；既然遇到了像钟子期那样的知音，演奏高山流水的曲子又有什么羞惭呢？

唉！名胜之地不能常存，盛大的宴会难以第二次遇到，当年兰亭宴集的盛况已成为陈迹了，繁华的金谷园也已变为荒丘废墟。在这次盛大的宴会上，承蒙恩赐，让我临别时留下这篇序文；至于登高而作赋，那是在座诸公的事了。我冒昧地竭尽微薄的心意，恭敬地写此小序。我的一首四韵小诗也已完成。请在座各位宾客施展潘岳、陆机一样的文采，竭尽文才，写出好作品吧。

黄冈竹楼记

宋 · 王禹偁

黄冈之地多竹，大者如椽[①]。竹工破之，刳[②]去其节，用代陶瓦。比屋皆然，以其价廉而工省也。

子城西北隅，雉堞圮毁[③]，蓁莽荒秽，因作小楼二间，与月波楼通。远吞山光，平挹江濑，幽阒辽敻[④]，不可具状。夏宜急雨，有瀑布声；冬宜密雪，有碎玉声；宜鼓琴，琴调虚畅；宜咏诗，诗韵清绝；宜围棋，子声丁丁然；宜投壶，矢声铮铮然。皆竹楼之所助也。

公退之暇，被鹤氅，戴华阳巾，手执《周易》一卷，焚香默坐，消遣世虑。江山之外，第见风帆沙鸟、烟云竹树而已。待其酒力醒，茶烟歇，送夕阳，迎素月，亦谪居之胜概也。

彼齐云、落星，高则高矣；井幹、丽谯，[⑤]华则华矣，止于贮妓女，藏歌舞，非骚人之事，吾所不取。

---

① 椽（chuán）：椽子，架在屋顶承受屋瓦的木条。

② 刳（kū）：挖。

③ 雉（zhì）堞（dié）圮（pǐ）毁：城上的矮墙倒塌毁坏。圮，坍塌。

④ 幽阒（qù）辽敻（xiòng）：幽静辽阔。阒，寂静。敻，辽阔。

⑤ 井幹（hán）、丽谯（qiáo）：古楼名。

吾闻竹工云："竹之为瓦，仅十稔，若重覆之，得二十稔。"噫！吾以至道乙未岁，自翰林出滁上；丙申，移广陵；丁酉，又入西掖；戊戌岁除日，有齐安之命；己亥闰三月到郡。四年之间，奔走不暇，未知明年又在何处，岂惧竹楼之易朽乎！幸后之人与我同志，嗣而葺之，庶斯楼之不朽也！

咸平二年八月十五日记。

译文

黄冈盛产竹子，大的粗如屋椽。竹匠把它分开，挖去其中的竹节，用它代替陶瓦。家家都这样，因为它价钱低廉，制作又省工。

内城西北角，城上的矮墙已经坍塌毁坏，长满了小树野草，芜杂不洁，因此我修建了两间小竹楼，和月波楼相连。在小楼上，可以远望美丽山色，可以平视江边流水，寂静辽阔，无法一一描绘出来。夏天适宜听急雨，雨声听起来像瀑布声；冬天遇到大雪也很相宜，雪落的声音听起来像碎玉的声音。这里适合弹琴，琴声冲虚闲畅；适合咏诗，诗的韵味清雅美妙；适合下围棋，棋子声叮叮作响；适合玩投壶游戏，投箭铮铮有声。这些赏心乐事，都是竹楼所带来的。

办完公务，闲暇的时候，身披用鸟羽织成的外套，头戴道士的帽子，手握《周易》一卷，在楼上焚香静坐，去除尘世的杂念。江山的风景之外，所见的唯有风帆沙鸟、烟云竹树罢了。到了酒醒之后，茶上轻烟也已经消散，送走落日，迎来清丽的月光，这也是谪居生活中的美妙境界了。

那齐云楼、落星楼，高可算高了；那井干楼、丽谯楼，华丽可算华丽了，可只用来蓄养妓女，安顿能歌善舞之流，并不是诗人们应做的风流雅事，我是不屑于那样的。

我听竹工说："竹子做成的瓦，只能用十年；如果重新更换，能够用二十年。"唉！我在至道元年由翰林学士贬往滁州任知州，二年调往扬州，三年又回京进中书省任职，咸平元年除夕那天，又接到贬往黄州的命令，今年咸平二年闰三月到达黄州。四年当中，奔波从未停歇，不知道明年又将在什么地方，哪里还怕竹楼容易朽坏呢？希望继任者能和我志同道合，继续修缮竹楼，希望这座竹楼不要朽坏啊。

咸平二年八月十五日作记。

上枢密韩太尉书

宋 · 苏辙

太尉执事：辙生好为文，思之至深。以为文者，气之所形，然文不可以学而能，气可以养而致。孟子曰："我善养吾浩然之气。"今观其文章，宽厚宏博，充乎天地之间，称其气之小大。太史公行天下，周览四海名山大川，与燕、赵间豪俊交游，故其文疏荡，颇有奇气。此二子者，岂尝执笔学为如此之文哉？其气充乎其中而溢乎其貌，动乎其言而见乎其文，而不自知也。

辙生十有九年矣。其居家所与游者，不过其邻里乡党之人；所见不过数百里之间，无高山大野可登览以自广；百氏之书，虽无所不读，然皆古人之陈迹，不足以激发其志气。恐遂汩没①，故决然舍去，求天下奇闻壮观，以知天地之广大。过秦、汉之故都，恣观终南、嵩、华之高；北顾黄河之奔流，慨然想见古之豪杰。至京师，仰观天子宫阙之壮，与仓廪、府库、城池、苑囿②之富且大也，而后知天下之巨丽。见翰林欧阳公，听其议论之宏辩，

---

① 汩（gǔ）没（mò）：沉沦，埋没。

② 囿（yòu）：古代帝王畜养禽兽的地方。

观其容貌之秀伟，与其门人贤士大夫游，而后知天下之文章聚乎此也。太尉以才略冠天下，天下之所恃以无忧，四夷之所惮以不敢发，入则周公、召公，出则方叔、召虎，而辙也未之见焉。

且夫人之学也，不志其大，虽多而何为？辙之来也，于山见终南、嵩、华之高，于水见黄河之大且深，于人见欧阳公，而犹以为未见太尉也。故愿得观贤人之光耀，闻一言以自壮，然后可以尽天下之大观而无憾者矣。

辙年少，未能通习吏事。向之来，非有取于斗升之禄，偶然得之，非其所乐。然幸得赐归待选，使得优游数年之间，将以益治其文，且学为政。太尉苟以为可教而辱教之，又幸矣！

译文

太尉执事：我生来爱好写文章，对此思考很多。我认为文章是作者气质的表现，然而文章不是通过学习就能擅长的，气质却可以通过培养而获得。孟子说："我善于培养我的浩然之气。"现在观赏他的文章，宽厚博大，充塞在天地间，和他气概的大小相称。太史公走遍天下，看尽了各地的名山大川，和燕、赵之间的俊杰交往，所以他的文章疏放跌宕，很有奇伟之气。这两个人，难道是曾经拿笔学习过写这样的文章吗？他们的浩然之气充盈在胸中而流淌在他们的形貌之外，体现在他们的言谈话语中而表现在著作的字里行间，他们自己并没有意识到。

我已经十九岁了。住在家里时，所交往的不过是自己的邻里乡亲；所见到的不过是几百里之间的事物，没有高山旷野可登临观览来开阔自己的胸怀；诸子百家的著作，虽然没有不读的，然而书中记录的都是古人的旧迹，不足以激发我的志气。我恐怕因此沉沦，所以毅然离开故乡，去追寻天下的奇特见闻、壮丽风景，来了解天地的广大。我经过了秦、汉的故都，尽情观赏了终南山、嵩山、华山的高峻；向北望见黄河奔腾而去，感慨地想起了古代的俊杰。到了京城，瞻仰天子宫殿的雄伟，看那粮仓、府库、城池、园林的富丽、巨大，然后才知道天下的宏伟、壮丽。见到了翰林学士欧阳公，听了他宏大、雄辩的议论，见了他清秀、俊伟的容貌，和他的门生贤士大夫来往，然后才知道天下的文章都荟萃在这里。太尉以雄才大略称雄天下，天下百姓依仗您而平安无忧，四方各族害怕您而不敢派兵侵扰；在内政管理上，您就如同周公、召公那样辅佐君王，在外出领兵作战上，您就如同方叔、召虎那样抵抗外侮御而安定边境，然而我至今还未曾见过您。

人在学习方面，如果不在大处立志，即使所学很多又有什么用处呢？我此来，若论山，我观赏了终南山、嵩山、华山的高峻；若论水，我见到了黄河的巨大、深广；若论人，我谒见了欧阳公，但是我仍然把没有拜见太尉视为遗憾。所以希望能够看到贤德之人的风采，听到贤人的一句话来使自己志气壮大，这样之后，才可以算是尽览了天下的奇观，而没有遗憾了。

苏辙还年轻，未能学遍做官应知的事情。先前来京城应试，并不是为获得微薄的俸禄，偶然得到了，也不是我个人所喜欢的。然而有幸得到恩赐回家等待朝廷选拔，使我能够悠闲地过上几年，我将进一步研究文章之道，并学习如何处理政务。太尉如果认为我还可以教导而屈尊指教我的话，就越发使我感到荣幸了。

丙辰春日仿范華原
溪山深秀
王鑑

游褒禅山记

宋 · 王安石

褒禅山亦谓之华山。唐浮图慧褒始舍于其址，而卒葬之；以故其后名之曰“褒禅”。今所谓慧空禅院者，褒之庐冢也。距其院东五里，所谓华山洞者，以其乃华山之阳名之也。距洞百余步，有碑仆道[①]，其文漫灭，独其为文犹可识，曰“花山”。今言“华”如“华实”之“华”者，盖音谬也。

其下平旷，有泉侧出，而记游者甚众，所谓前洞也。由山以上五六里，有穴窈然[②]，入之甚寒，问其深，则其好游者不能穷也，谓之后洞。余与四人拥火以入，入之愈深，其进愈难，而其见愈奇。有怠而欲出者，曰：“不出，火且尽。”遂与之俱出。盖余所至，比好游者尚不能十一，然视其左右，来而记之者已少。盖其又深，则其至又加少矣。方是时，余之力尚足以入，火尚足以明也。既其出，则或咎其欲出者，而余亦悔其随之而不得极夫游之乐也。

---

① 仆（pū）道：倒在路旁。

② 窈（yǎo）然：深远幽暗的样子。

于是余有叹焉。古人之观于天地、山川、草木、虫鱼、鸟兽，往往有得，以其求思之深而无不在也。夫夷以近，则游者众；险以远，则至者少。而世之奇伟、瑰怪、非常之观，常在于险远，而人之所罕至焉，故非有志者不能至也。有志矣，不随以止也，然力不足者，亦不能至也。有志与力，而又不随以怠，至于幽暗昏惑而无物以相[1]之，亦不能至也。然力足以至焉，于人为可讥，而在己为有悔；尽吾志也而不能至者，可以无悔矣，其孰能讥之乎？此余之所得也。

余于仆碑，又以悲夫古书之不存，后世之谬其传而莫能名者，何可胜道也哉！此所以学者不可以不深思而慎取之也。

四人者：庐陵萧君圭君玉，长乐王回深父[2]，余弟安国平父、安上纯父。至和元年七月某日，临川王某记。

---

① 相（xiàng）：帮助。

② 王回深父（fǔ）：王回，字深父。父，通“甫”，与下文的“平父”“纯父”的“父”同。

译文

褒禅山也叫作华山。唐代和尚慧褒开始在这山脚下建房居住，他死后又埋葬在这里，因为这个缘故，后来人们就称此山为“褒禅山”。现在人们所说的慧空禅院，就是慧褒和尚的房舍和坟墓的所在地。距离这座禅院东边五里，有个叫华山洞的地方，因它在华山的南面而得名。距离洞口一百多步的地方，有块石碑倒在路旁，碑上的文字已经模糊不清，只有其中几个残存的文字还可以辨认出来，叫“花山”。现在把“华”字读为“华实”的“华”，大概是把字音读错了。

山洞的下面地势平坦而开阔，有一股泉水从侧壁流出来，在洞壁上题字留念的人很多，这就是人们所说的前洞。沿着山路向上走五六里，有一个幽暗深邃的洞穴，走进洞里感到寒气逼人，问这洞有多深，就是那些喜好游玩的人也没有走到它的尽头，这就是人们所说的后洞。我与同游的四个人举着火把走进去，越往深处走，前进就越发困难，而看见的景致就越发奇妙。同伴中有一个走累了想要出去的人说："要是不出去，火把就快要烧完了。"于是大家就和他一起出来了。大概我们所到达的深度，和那些喜好游览的人相比还不到十分之一，然而环顾洞壁左右，到过这里并且题字留名的人已经很少了。大概那更深的地方，能到达的人就更少了。当我从洞里走出来的时候，我的体力还足够继续前进，火把也还足够继续照明。我们退出洞之后，就有人埋怨那个提议出洞的人，而我也后悔自己跟随他们一道退出，而不能尽情享受这次游玩的快乐。

对于这件事我深有感慨。古人观察天地、山川、草木、虫鱼、鸟兽，往往有所收获，这是因为他们探求思考得很深入，而且考虑得很全面。那些道路平坦而距离又近的地方，那么游览的人就会多；那些道路艰险而偏远的地方，那么游览的人就会少。然而世上奇妙雄伟、壮丽奇特、不同寻常的景象，常常是在艰险遥远，而又是人们很少到达的地方，所以没有坚强意志的人，是不能到达的。有意志的人，不肯随着别人中途停止前进，然而如果体力不足的人，也是不能到达的。有意志和体力的人，并且又不跟随别人松懈懒散，走到了幽深昏暗的地方，如果没有东西来帮助他

辨路，也还是不能到达的。然而如果体力足够到达而没有到达，在别人看来是可以被讥笑的，而自己也会后悔；尽了自己的努力仍然不能到达，那就没有什么可以后悔的了，难道谁还能讥笑吗？这些就是我的心得。

我对于那块倒在路旁的石碑，又由此感叹有些古代典籍没能保存下来，以致后代人以讹传讹而不能弄清真相的事情，哪里能说得完呢！这就是读书求学的人对于学问不能不深入思考并慎重选取的原因。

同游的四个人是：庐陵人萧君圭，字君玉；长乐人王回，字深父；我的弟弟王安国，字平父；我的弟弟王安上，字纯父。至和元年七月某日，临川人王安石记。

登泰山记

清 · 姚鼐

泰山之阳，汶水[1] 西流；其阴，济水[2] 东流。阳谷皆入汶，阴谷皆入济。当其南北分者，古长城也。最高日观峰，在长城南十五里。

余以乾隆三十九年十二月，自京师乘风雪，历齐河、长清，穿泰山西北谷，越长城之限，至于泰安。是月丁未，与知府朱孝纯子颍由南麓登。四十五里，道皆砌石为磴[3]，其级七千有余。泰山正南面有三谷。中谷绕泰安城下，郦道元所谓环水也。余始循以入，道少半，越中岭，复循西谷，遂至其巅。古时登山，循东谷入，道有天门。东谷者，古谓之天门溪水，余所不至也。今所经中岭及山巅，崖限当道者，世皆谓之天门云。道中迷雾冰滑，磴几不可登。及既上，苍山负雪，明烛天南。望晚日照城郭，汶水、徂徕[4] 如画，而半山居雾若带然。

---

① 汶（wèn）水：发源于山东莱芜东北原山，向西南流经泰安。

② 济（jǐ）水：发源于河南济源西王屋山，东流到山东入海。

③ 磴（dèng）：石阶。

④ 徂（cú）徕（lái）：山名，在泰安城东南。

戊申晦，五鼓，与子颍坐日观亭，待日出。大风扬积雪击面。亭东自足下皆云漫。稍见云中白若摴蒱[1] 数十立者，山也。极天云一线异色，须臾成五采[2] 。日上，正赤如丹，下有红光动摇承之，或曰，此东海也。回视日观以西峰，或得日或否，绛皓驳色，而皆若偻。

亭西有岱祠，又有碧霞元君祠。皇帝行宫在碧霞元君祠东。是日观道中石刻，自唐显庆以来；其远古刻尽漫失。僻不当道者，皆不及往。

山多石，少土。石苍黑色，多平方，少圜[3] 。少杂树，多松，生石罅，皆平顶。冰雪，无瀑水，无鸟兽音迹。至日观数里内无树，而雪与人膝齐。

桐城姚鼐记。

---

① 摴（chū）蒱（pú）：古代的一种博戏，这里指摴蒱所用的掷具，长形而末端尖锐，立起来像山峰。

② 采：同“彩”。

③ 圜：同“圆”。

译文

泰山的南面，汶水向西流去；泰山的北面，济水向东流去。南面山谷中的水都流入汶水，北面山谷中的水都流入济水。正处在泰山南北山谷分界的地方，是古代的长城。最高处的日观峰，在古长城南面十五里。

我在乾隆三十九年十二月，从京城冒着风雪启程，经过齐河县、长清县，穿过泰山西北面的山谷，越过长城的界限，到达泰安。这个月的丁未日，我同知府朱子颍从南面的山脚上山。四十五里长的路上，都是石板砌成的台阶，那些台阶有七千多级。泰山正南面有三个山谷。中谷的水环绕泰安城，这就是郦道元所说的环水。我起初沿着中间的山谷进山，走了一小半的路，越过中岭，又顺着西面的山谷上山，就到达了山顶。古时候登泰山，是沿着东面的山谷进去，路上有座天门。这东边的山谷，古时候称它为“天门溪水”，我没有到过那里。现在我经过的中岭和山顶，挡在路上像门槛一样的山崖，人们都叫它天门。山路中大雾弥漫、冰冻溜滑，石阶几乎无法攀登。等到已经登上山顶，只见青黑色的山上覆盖着白雪，雪反射的光照亮了南面的天空。远望夕阳映照着山下的城郭，汶水、徂徕山就像是一幅美丽的山水画，停留在半山腰处的云雾，又像是一条舞动的飘带似的。

戊申日这一天正是月底，五更的时候，我和子颍坐在日观亭里，等待日出。这时大风扬起积雪扑打在脸上。日观亭东面从脚底往下都是云雾弥漫，逐渐看到云中露出几十个白色的像摴蒱一样立着的东西，那是山峰。天边的云中有一线奇异的色彩，转眼间就变成了五光十色的彩霞。太阳升起，颜色纯红如同朱砂，下面有晃动的红光承托着它。有人说，这是东海。回头看日观峰以西的山峰，有的被日光照到，有的没有被照到，或红或白，颜色错杂，又都像鞠躬致敬的样子。

日观亭西面有一座东岳大帝庙，还有一座碧霞元君祠。皇帝的行宫在碧霞元君祠的东面。这一天，观看了路上的石刻，都是唐朝显庆年以来的，那些更古老的石碑都已经模糊或缺失了。那些偏僻不顺路的石刻，都来不及去看了。

山上石头多，泥土少。山石都呈青黑色，大多是平整方形的，很少有圆形的。杂树很少，多是松树，松树都生长在石头的缝隙里，树顶都是平的。山上都是冰雪，没有瀑布，没有飞鸟走兽的声音和踪迹。日观峰附近几里以内没有树木，积雪厚得同人的膝盖一般高。

桐城人姚鼐记述。

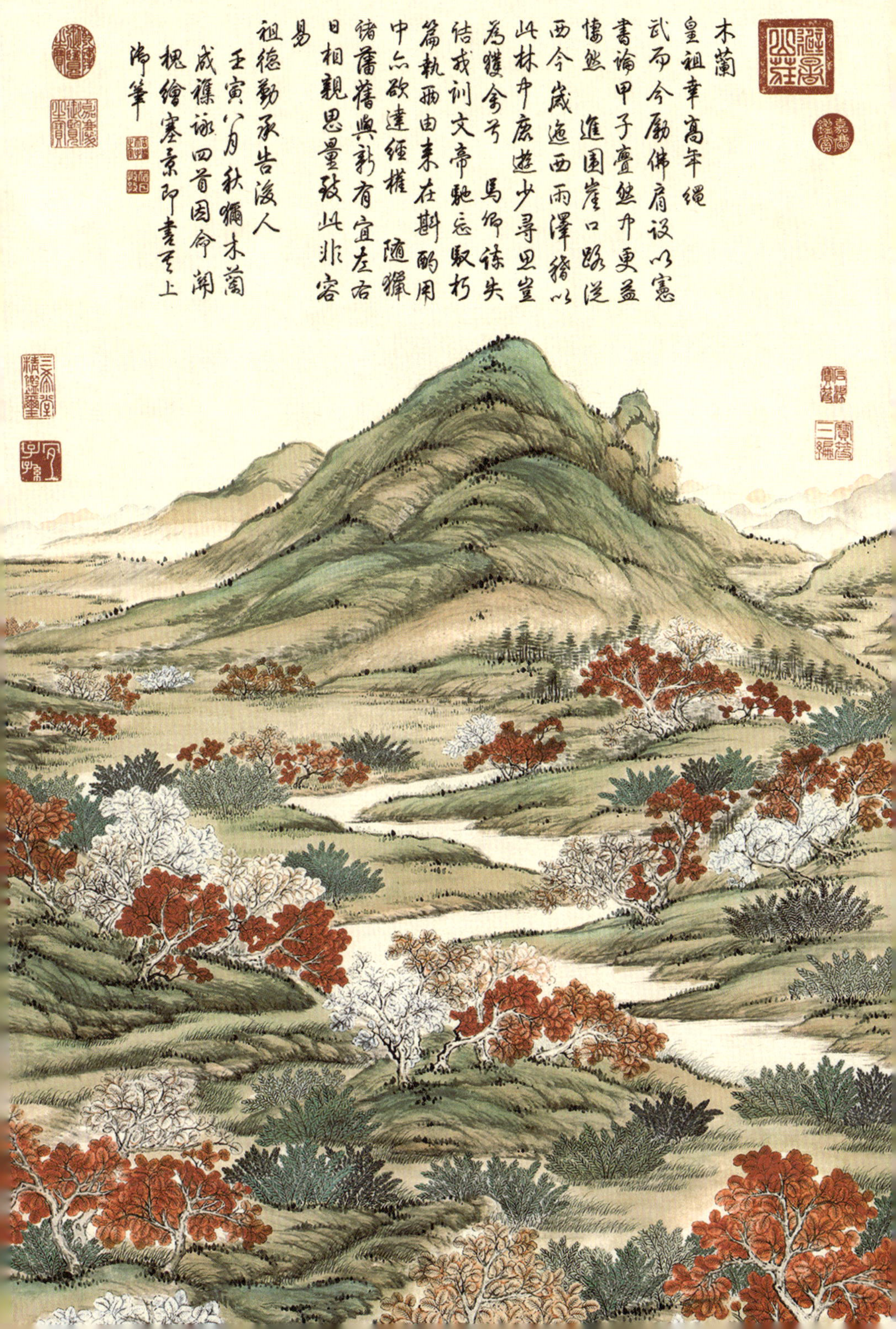
木蘭
皇祖肇高年繩
武而今勵佛肩設以憲
書論甲子疊然升更益
懍然　進圍崖口路從
西今歲逾西雨澤豬以
此林中麂遊少尋思豈
為獲金兮　馬仰徐失
詰戎訓文帝馳忘馭朽
篇執兩由來在斟酌用
中亦欲達經權　隨獵
諸藩舊與新宥宜左右
日相親思量致此非容
易
祖德勤承告後人
壬寅八月秋獮木蘭
成襍詠四首因命闌
槐繪塞景即書其上
御筆

古代文论选段

毛诗序

诗者，志之所之也。在心为志，发言为诗。情动于中而形于言，言之不足，故嗟叹之，嗟叹之不足，故永歌之。永歌之不足，不知手之舞之、足之蹈之也。

典论·论文

三国·曹丕

盖文章，经国之大业，不朽之盛事。年寿有时而尽，荣乐止乎其身，二者必至之常期，未若文章之无穷。是以古之作者，寄身于翰墨，见意于篇籍，不假良史之辞，不托飞驰之势，而声名自传于后。

诗品序

南北朝 · 钟嵘

若乃春风春鸟，秋月秋蝉，夏云暑雨，冬月祁寒[①]，斯四候之感诸诗者也。嘉会寄诗以亲，离群托诗以怨。至于楚臣去境，汉妾辞宫。或骨横朔野，魂逐飞蓬；或负戈外戍，杀气雄边。塞客衣单，孀闺[②]泪尽；或士有解佩出朝，一去忘返；女有扬蛾入宠，再盼倾国。凡斯种种，感荡心灵，非陈诗何以展其义？非长歌何以骋其情？故曰：“诗可以群，可以怨。”

与元九书

唐 · 白居易

感人心者，莫先乎情，莫始乎言，莫切乎声，莫深乎义。诗者，根情，苗言，华[③]声，实义。

---

① 祁寒：大寒。

② 孀闺：寡妇的居所。

③ 华：同“花”。

《人间词话》三则

清 · 王国维

词以境界为最上。有境界则自成高格，自有名句。五代、北宋之词所以独绝者在此。

境非独谓景物也。喜怒哀乐，亦人心中之一境界。故能写真景物、真感情者，谓之有境界。否则谓之无境界。

古今之成大事业、大学问者，必经过三种之境界："昨夜西风凋碧树。独上高楼，望尽天涯路。"此第一境也。"衣带渐宽终不悔，为伊消得人憔悴。"此第二境也。"众里寻他千百度。蓦然回首，那人却在，灯火阑珊处。"此第三境也。此等语皆非大词人不能道。然遽[①] 以此意解释诸词，恐为晏、欧诸公所不许也。

---

① 遽（jù）：匆忙。

板桥题画

清 · 郑燮

江馆清秋，晨起看竹，烟光日影露气，皆浮动于疏枝密叶之间。胸中勃勃遂有画意。其实胸中有竹，并不是眼中之竹也。因而磨墨展纸，落笔倏作变相，手中之竹又不是胸中之竹也。总之，意在笔先者，定则也；趣在法外者，化机也。独画云乎哉！

译文

毛诗序

诗歌是表现人的情志的。在心中是情志，用语言表达出来就是诗。人的心中有所感动，说出口来表现为语言。用语言表达之后，还觉得情感表达不充分，就通过嗟叹来表达，嗟叹之后，还觉得情感表达不充分，就要长声歌唱。长声歌唱，还不足以表达人的情志，就用手舞足蹈的有形动作来表达。

典论·论文

文章是治理国家的伟大事业，是不朽的盛大功绩。年寿和荣乐都有一定的期限，不能和文章无穷无尽的影响相比。所以古代的作者，竭尽全力从事写作，不用借助正直史官的文辞，不用依傍政治上飞黄腾达的人，而声名自然能够流传于后代。

诗品序

至于春风春鸟，秋月秋蝉，夏时的云雨，冬季的严寒，这四时节候使人有所触动，这触动表现在诗歌之中。美好的宴会，借助诗歌来表示亲密，离群索居，借助诗歌来表达哀怨。至于像楚国大臣那样被放逐而离开都城，像汉朝的宫人告别宫廷。有的尸骨被随便抛弃在北方的荒野，魂魄追随着飞转的蓬草；有的扛着长戈在外守卫，抵御敌人的气概称雄于边境。边关的漂泊之人穿着薄薄的单衣，闺中独居的妇女眼泪已经哭干；有士人解下官服上佩带的装饰物，辞官出朝，一去忘返；有女子得意扬眉，入宫得到皇帝的恩宠，顾盼有情，能叫帝王抛却了邦国大业。凡此种种，在心中感激动荡，如果不写下诗篇，用什么来阐发它的意义呢？如果不放声高唱，用什么来宣泄这些感情呢？所以说："诗可以用来合群，可以用来诉怨。"

与元九书

感动人心灵的东西，没有比感情更首要的，没有比语言更早的，没有比声音更亲切的，没有比思想更深刻的。

诗歌这个东西，感情是它的根本，语言是它的枝叶，声音是它的花朵，思想是它的果实。

人间词话（三则）

有无境界是判断词作高下的标准，有境界的词品质最高。有了境界就自然会形成高雅的格调，自然会有众口传扬的语句。五代、北宋时期的词作能够达到极高水平，原因就在这里。

所谓境界，说的并非只是景物。喜、怒、哀、乐，也是人心中的一种境界。所以能够写出真景物、真情感的，就称它有境界，不然，就称它无境界。

从古到今，成就大事业、大学问的人，必经过三种境界。“玉露凋伤，西风忽起，难以成眠的我，独自登上高楼，望遍了通向远方的路”，这是第一种境界。“日夜相思，容颜憔悴，人一天天消瘦，但为了她，我至死无悔”，这是第二种境界。“在众人中找了她百遍千遍，偶然回头，却发现她站在灯火冷落的地方”，这是第三种境界。这种语言，不是大手笔是无论如何也写不出来的。但如果匆忙用这种意思解释以上几首词，恐怕是晏、欧诸公所不认可的。

板桥题画

江边馆舍，清爽的秋天，早晨起来观赏竹子，看见烟光、日影、露气，都浮动在或疏或密的枝叶之间。胸中就有勃勃的生气，想要把它画下来。其实胸中所想的竹子，并不是眼中所见的竹子。到了墨已磨好，纸已经铺开，下笔的时候，笔墨落处忽然变化出各种样貌，笔下所画的竹子又不是胸中所想的竹子了。概括地说，胸中所具有的画意在笔墨之前，这是固定的法则；而笔墨的趣味往往在固定的法则之外，下笔时随时变化，因而产生出立意时预想不到的情境。难道只有画是这样的吗！

后 记

中国古典诗文温润如玉，可亲耐读，常读常新。优美的古典诗文缓缓地散发出一种凝重的岁月的气味。为了让更多的人能嗅到这迷人的气味，本书在浩如烟海的经典诗文中“只取一瓢饮”，并对原文进行了注释和翻译。注释的原则是便于阅读，因此以注音、释义为主，只求注明在具体语境中该词语之意义，能简则简，不炫博、不避难、不烦琐。

古文今译着实不易。要想做到“信、达、雅”，何其难也！因此只能是边学边译，遍查前人译本，集众家之所长，有时会因一字之译广询师友。在“信”的基础上，力求让语言通达顺畅，令人读之明晓、思之成理、品之得味。至于“雅”，便是可望而不可即了。任何译文都很难完全表达出原文的风格和神韵，因此只好能“雅”几分就算几分。

中国古典诗文是中国人的精神底色。“请背诵全文”，是我上学的时候时常听老师说、工作后经常对学生说的一句话。话音未落，教室往往唏嘘声四起。从完成作业的少年郎到布置作业的中年人，我对古诗文的背诵有了更加深入的认识。写文章的时候、讲课的时候、读书的时候、旅游的时候、得意的时候、落寞的时候……那些小学、中学、大学背诵过的古诗文总会翩然而至，或者让我的言辞锦上添花，或者帮我言心中有口中无之语，或者让我豁然开朗。当年背书的辛苦枯燥远远比不上今天的欣然自得！

著名学者周振甫先生曾明确地指出：学习中国古典诗文最重要的方法就是熟读背诵。他在《怎样学习古文》一书中写道：“我向政协委员张元善老先生请教，问他小时怎样读书的。他讲的跟章锡琛先生讲的差不多，他说开始读时，对读的书完全不懂。读了若干年，一旦豁然贯通，不懂的全懂了，而且是‘立体的懂’，它的关键就在于熟读背出，把所读的书全部装在脑子里。假如不是熟读背出，把所读的书全部装在脑子里，读了一课书，记住了多少生字，记住了多少句子，这只是‘点线的懂’。

记住的生字是点，记住的句子是线。点线的懂是不够的。因为一个字的解释在不同的句子中往往因上下文的关系而有变化，一个字在不同的结构里会具有不同的用法，记住了一个字的一个解释和一种用法，碰到了这个字的解释和用法有变化时就不好懂了。读一课书，记住了这课书中的生字，记住了这课书中的句子，这叫‘平面的懂’。平面的懂只懂得这课书中的字的意义和用法；同样的字，在别课书中，它的意义和用法假如有了变化，就看不懂了。因此，平面的懂还不够，不够解决一个字的解释和用法的多种变化。把一部书全部读熟就不同了，开始读时不懂，读多了渐渐懂了。比方读《论语》，开始碰到‘仁’字不懂，‘仁’字在《论语》中出现了104次，当读到十几次的‘仁’字时，对‘仁’的意义渐渐懂了，当读到几十次、上百次的‘仁’字时，对‘仁’的意义懂得更多了。因为熟读背诵，对书中有‘仁’字的句子全部记住，对有‘仁’字的句子的上下文也全部记住，对于‘仁’因上下文的关系而解释有变化也罢，对有‘仁’字的词组因结构不同而用法有变化也罢，全都懂了，这才叫‘立体的懂’。”

著名语文教育家章熊先生给语文老师的建议是：只要是对学生有营养的东西，就可以让学生背背记记，老师适当做一些讲解，不要以讲代背。如果说本书精选的古诗文就是对我们有营养的东西，那么，书中的译注就算一些简单的讲解吧。本书或许唤醒你的青春记忆，或许帮你温故知新，或许帮你提高背诵效率……

在译注过程中，于爱民、顾青、李刚老师鼎力相助，笔者在此深表感谢。限于译注者的学养，心劳力拙而遗憾不少，敬请方家与广大读者不吝赐教。

徐淳

徐淳：北京市第五中学语文高级教师，北京市骨干教师，北京市紫禁杯班主任特等奖获得者，曾荣获教育系统“师德标兵”“京城魅力教师”称号。

古诗十九首

《古诗十九首》是中国古代文人五言诗选辑，由南朝梁萧统从传世无名氏古诗中选录十九首编入《文选》而成，习惯上以句首为标题。

《古诗十九首》语言朴素自然，描写生动真切，具有浑然天成的艺术风格，被刘勰称为『五言之冠冕』。

行行重行行

行行重行行，与君生别离。
相去万余里，各在天一涯。
道路阻且长，会面安可知。
胡马依北风，越鸟巢南枝。
相去日已远，衣带日已缓。
浮云蔽白日，游子不顾反。
思君令人老，岁月忽已晚。
弃捐勿复道，努力加餐饭。

行行重行行

行行重行行，与君生别离。
相去万余里，各在天一涯。
道路阻且长，会面安可知。
胡马依北风，越鸟巢南枝。
相去日已远，衣带日已缓。
浮云蔽白日，游子不顾反。
思君令人老，岁月忽已晚。
弃捐勿复道，努力加餐饭。

青青河畔草

青青河畔草，郁郁园中柳。
盈盈楼上女，皎皎当窗牖。
娥娥红粉妆，纤纤出素手。
昔为倡家女，今为荡子妇。
荡子行不归，空床难独守。

青青河畔草

青青河畔草，郁郁园中柳。
盈盈楼上女，皎皎当窗牖。
娥娥红粉妆，纤纤出素手。
昔为倡家女，今为荡子妇。
荡子行不归，空床难独守。

青青陵上柏

青青陵上柏，磊磊涧中石。
人生天地间，忽如远行客。
斗酒相娱乐，聊厚不为薄。
驱车策驽马，游戏宛与洛。
洛中何郁郁，冠带自相索。
长衢罗夹巷，王侯多第宅。
两宫遥相望，双阙百余尺。
极宴娱心意，戚戚何所迫。

青青陵上柏

青青陵上柏，磊磊涧中石。
人生天地间，忽如远行客。
斗酒相娱乐，聊厚不为薄。
驱车策驽马，游戏宛与洛。
洛中何郁郁，冠带自相索。
长衢罗夹巷，王侯多第宅。
两宫遥相望，双阙百余尺。
极宴娱心意，戚戚何所迫。

今日良宴会

今日良宴会，欢乐难具陈。
弹筝奋逸响，新声妙入神。
令德唱高言，识曲听其真。
齐心同所愿，含意俱未申。
人生寄一世，奄忽若飙尘。
何不策高足，先据要路津。
无为守穷贱，轗轲长苦辛。

今日良宴会

今日良宴会，欢乐难具陈。
弹筝奋逸响，新声妙入神。
令德唱高言，识曲听其真。
齐心同所愿，含意俱未申。
人生寄一世，奄忽若飙尘。
何不策高足，先据要路津。
无为守穷贱，轲长苦辛。

西北有高楼

西北有高楼，上与浮云齐。
交疏结绮窗，阿阁三重阶。
上有弦歌声，音响一何悲！
谁能为此曲？无乃杞梁妻。
清商随风发，中曲正徘徊。
一弹再三叹，慷慨有余哀。
不惜歌者苦，但伤知音稀。
愿为双鸿鹄，奋翅起高飞。

西北有高楼

西北有高楼，上与浮云齐。
交疏结绮窗，阿阁三重阶。
上有弦歌声，音响一何悲！
谁能为此曲？无乃杞梁妻。
清商随风发，中曲正徘徊。
一弹再三叹，慷慨有余哀。
不惜歌者苦，但伤知音稀。
愿为双鸿鹄，奋翅起高飞。

涉江采芙蓉

涉江采芙蓉，兰泽多芳草。
采之欲遗谁？所思在远道。
还顾望旧乡，长路漫浩浩。
同心而离居，忧伤以终老。

涉江采芙蓉

涉江采芙蓉，兰泽多芳草。
采之欲遗谁？所思在远道。
还顾望旧乡，长路漫浩浩。
同心而离居，忧伤以终老。

明月皎夜光

明月皎夜光，促织鸣东壁。
玉衡指孟冬，众星何历历。
白露沾野草，时节忽复易。
秋蝉鸣树间，玄鸟逝安适。
昔我同门友，高举振六翮。
不念携手好，弃我如遗迹。
南箕北有斗，牵牛不负轭。
良无盘石固，虚名复何益。

明月皎夜光

明月皎夜光，促织鸣东壁。
玉衡指孟冬，众星何历历。
白露沾野草，时节忽复易。
秋蝉鸣树间，玄鸟逝安适。
昔我同门友，高举振六翮。
不念携手好，弃我如遗迹。
南箕北有斗，牵牛不负轭。
良无盘石固，虚名复何益。

冉冉孤生竹

冉冉孤生竹，结根泰山阿。
与君为新婚，菟丝附女萝。
菟丝生有时，夫妇会有宜。
千里远结婚，悠悠隔山陂。
思君令人老，轩车来何迟！
伤彼蕙兰花，含英扬光辉。
过时而不采，将随秋草萎。
君亮执高节，贱妾亦何为！

冉冉孤生竹

冉冉孤生竹，结根泰山阿。
与君为新婚，菟丝附女萝。
菟丝生有时，夫妇会有宜。
千里远结婚，悠悠隔山陂。
思君令人老，轩车来何迟！
伤彼蕙兰花，含英扬光辉。
过时而不采，将随秋草萎。
君亮执高节，贱妾亦何为！

庭中有奇树

庭中有奇树，绿叶发华滋。
攀条折其荣，将以遗所思。
馨香盈怀袖，路远莫致之。
此物何足贵，但感别经时。

庭中有奇树

庭中有奇树，绿叶发华滋。
攀条折其荣，将以遗所思。
馨香盈怀袖，路远莫致之。
此物何足贵，但感别经时。

迢迢牵牛星

迢迢牵牛星，皎皎河汉女。
纤纤擢素手，札札弄机杼。
终日不成章，泣涕零如雨。
河汉清且浅，相去复几许。
盈盈一水间，脉脉不得语。

迢迢牵牛星

迢迢牵牛星，皎皎河汉女。
纤纤擢素手，札札弄机杼。
终日不成章，泣涕零如雨。
河汉清且浅，相去复几许。
盈盈一水间，脉脉不得语。

回车驾言迈

回车驾言迈，悠悠涉长道。
四顾何茫茫，东风摇百草。
所遇无故物，焉得不速老。
盛衰各有时，立身苦不早。
人生非金石，岂能长寿考。
奄忽随物化，荣名以为宝。

回车驾言迈

回车驾言迈，悠悠涉长道。
四顾何茫茫，东风摇百草。
所遇无故物，焉得不速老。
盛衰各有时，立身苦不早。
人生非金石，岂能长寿考。
奄忽随物化，荣名以为宝。

东城高且长

东城高且长，逶迤自相属。
回风动地起，秋草萋已绿。
四时更变化，岁暮一何速！
晨风怀苦心，蟋蟀伤局促。
荡涤放情志，何为自结束！
燕赵多佳人，美者颜如玉。
被服罗裳衣，当户理清曲。
音响一何悲！弦急知柱促。
驰情整中带，沉吟聊踯躅。
思为双飞燕，衔泥巢君屋。

东城高且长

东城高且长，逶迤自相属。
回风动地起，秋草萋已绿。
四时更变化，岁暮一何速！
晨风怀苦心，蟋蟀伤局促。
荡涤放情志，何为自结束！
燕赵多佳人，美者颜如玉。
被服罗裳衣，当户理清曲。
音响一何悲！弦急知柱促。
驰情整中带，沉吟聊踯躅。
思为双飞燕，衔泥巢君屋。

驱车上东门

驱车上东门，遥望郭北墓。
白杨何萧萧，松柏夹广路。
下有陈死人，杳杳即长暮。
潜寐黄泉下，千载永不寤。
浩浩阴阳移，年命如朝露。
人生忽如寄，寿无金石固。
万岁更相送，贤圣莫能度。
服食求神仙，多为药所误。
不如饮美酒，被服纨与素。

驱车上东门

驱车上东门，遥望郭北墓。
白杨何萧萧，松柏夹广路。
下有陈死人，杳杳即长暮。
潜寐黄泉下，千载永不寤。
浩浩阴阳移，年命如朝露。
人生忽如寄，寿无金石固。
万岁更相送，贤圣莫能度。
服食求神仙，多为药所误。
不如饮美酒，被服纨与素。

去者日以疏

去者日以疏，来者日以亲。
出郭门直视，但见丘与坟。
古墓犁为田，松柏摧为薪。
白杨多悲风，萧萧愁杀人。
思还故里闾，欲归道无因。

去者日以疏

去者日以疏，来者日以亲。
出郭门直视，但见丘与坟。
古墓犁为田，松柏摧为薪。
白杨多悲风，萧萧愁杀人。
思还故里闾，欲归道无因。

生年不满百

生年不满百，常怀千岁忧。
昼短苦夜长，何不秉烛游！
为乐当及时，何能待来兹。
愚者爱惜费，但为后世嗤。
仙人王子乔，难可与等期。

生年不满百

生年不满百，常怀千岁忧。
昼短苦夜长，何不秉烛游！
为乐当及时，何能待来兹。
愚者爱惜费，但为后世嗤。
仙人王子乔，难可与等期。

凛凛岁云暮

凛凛岁云暮，蝼蛄夕鸣悲。
凉风率已厉，游子寒无衣。
锦衾遗洛浦，同袍与我违。
独宿累长夜，梦想见容辉。
良人惟古欢，枉驾惠前绥。
愿得常巧笑，携手同车归。
既来不须臾，又不处重闱。
亮无晨风翼，焉能凌风飞？
眄睐以适意，引领遥相睎。
徙倚怀感伤，垂涕沾双扉。

凛凛岁云暮

凛凛岁云暮，蝼蛄夕鸣悲。
凉风率已厉，游子寒无衣。
锦衾遗洛浦，同袍与我违。
独宿累长夜，梦想见容辉。
良人惟古欢，枉驾惠前绥。
愿得常巧笑，携手同车归。
既来不须臾，又不处重闱。
亮无晨风翼，焉能凌风飞？
眄睐以适意，引领遥相睎。
徙倚怀感伤，垂涕沾双扉。

孟冬寒气至

孟冬寒气至，北风何惨栗。
愁多知夜长，仰观众星列。
三五明月满，四五蟾兔缺。
客从远方来，遗我一书札。
上言长相思，下言久离别。
置书怀袖中，三岁字不灭。
一心抱区区，惧君不识察。

孟冬寒气至

孟冬寒气至，北风何惨栗。
愁多知夜长，仰观众星列。
三五明月满，四五蟾兔缺。
客从远方来，遗我一书札。
上言长相思，下言久离别。
置书怀袖中，三岁字不灭。
一心抱区区，惧君不识察。

客从远方来

客从远方来，遗我一端绮。
相去万余里，故人心尚尔。
文采双鸳鸯，裁为合欢被。
著以长相思，缘以结不解。
以胶投漆中，谁能别离此。

客从远方来

客从远方来，遗我一端绮。
相去万余里，故人心尚尔。
文采双鸳鸯，裁为合欢被。
著以长相思，缘以结不解。
以胶投漆中，谁能别离此。

明月何皎皎

明月何皎皎，照我罗床帏。
忧愁不能寐，揽衣起徘徊。
客行虽云乐，不如早旋归。
出户独彷徨，愁思当告谁。
引领还入房，泪下沾裳衣。

明月何皎皎

明月何皎皎，照我罗床帏。
忧愁不能寐，揽衣起徘徊。
客行虽云乐，不如早旋归。
出户独彷徨，愁思当告谁。
引领还入房，泪下沾裳衣。